澤井一三郎
北京
張家口
ビルマ
インド
カルカッタ
暴風雨のため
ビルマへ
もどる
密林にまよつて
佛印へ
もどる
昭南港
休み
パレンバンへ
昭南神社
タイ國
ビルマへ
休み
バンコクのワツトプラケオ
山田長政神社
サイゴン
パレンバン
もどる

監修者――佐藤次高／木村靖二／岸本美緒

［カバー表写真］
双六　大東亜共栄圏めぐり
（1944年）

［カバー裏写真］
清国講和使来朝談判之図
（小国政箪，1895年）

［扉写真］
双六　大東亜共栄圏めぐり
（1944年）

世界史リブレット66

日本人のアジア認識

Namiki Yorihisa
並木頼寿

目次

日本人はアジア人か

日本は、地理的にはアジアの東の辺境に位置している。大陸とは海を隔てており、列島の東方には太平洋が広がる。このような地理的な条件は、長い歴史をつうじて、日本人に大陸の人びとと自分たちは違うという意識を育ててきたかもしれない。近代にはいって、欧米列強がアジアに進出してくると、岡倉天《おかくらてん》心《しん》▲が「アジアは一つ」と唱えたように、日本もアジアの一員と考える契機が生じたが、それと同時に、明治初年に進展した政治や社会の急激な改革は、日本人に新たな自意識を与えたようである。

近代という時代は、欧米に形成された市民社会にみられる一種の「普遍性」が、欧米以外の世界を巻き込んで、新たな国際秩序をかたちづくった時代と考

▼**岡倉天心**（一八六三〜一九一三）　近代日本の美術行政にたずさわり、またインド・中国・日本など東洋の芸術・文化を欧米に熱心に紹介した。英文著書『東洋の理想』冒頭の“Asia is one.”で知られる。

▼**大隈重信**（一八三八～一九二二）
幕末佐賀藩の志士から明治の政治家として活躍、自由民権運動では立憲改進党を創立した。早稲田大学の創立者。一九一四年に首相となり第一次世界大戦に参戦、翌年中華民国に二十一カ条要求をおこなった。

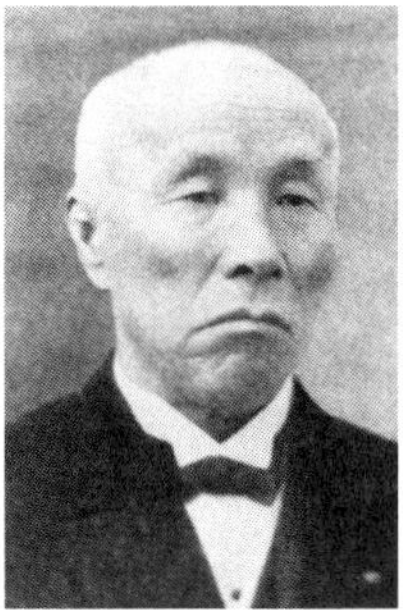

『開国五十年史』

えられる。そして欧米以外の世界を巻き込む方法は、具体的には植民地的な支配の拡大というかたちをとった。こうして、近代のアジアには欧米列強による植民地化の危機が迫ることとなった。むしろ植民地主義の展開が、アジアと呼ばれる地域を浮かび上がらせたといってもよいかもしれない。

こうした植民地化の危機にたいして、日本は自ら進んで欧米的な「普遍性」に接近し、社会の変革を試みた。しかし、こうした対応は、他のアジアの諸地域に同時に進展することはなく、日本がいちおう「近代化」を成功させたのにたいして、他のアジア諸地域は列強の植民地ないしは半植民地に転落する場合が多かった。欧米には、欧米のみが近代社会を形成しえたのはなぜか、という問題提起がなされることがあったが、そうした問題提起に刺激されて、アジア諸地域において独り日本だけが近代化に先んじたのはなぜか、という問いが発せられることがあった。かつて日本人のなかに、さらに現在にもなお、こうした思考傾向は根強く存在するように思われる。

欧米の近代に付随したオリエンタリズムの思考傾向が、日本型のオリエンタリズムに飛び火したような事態を認めることができる。

大隈邸の温室　大隈邸では海外からの来賓を温室にまねき、洋食で振る舞うこともあったという。

日露戦争直後の一九〇七年、大隈重信《おおくましげのぶ》▲は『開国五十年史』を著して、

世界人口の過半を占むる東洋の諸民族は、沈淪して殆ど国家的滅亡に瀕せるに、日本帝国が独り勃然として興隆せるより茲《ここ》に僅に五十年、早くも欧《ヨー》羅巴《ロッパ》州に覇視せる一強国と砲火を交え、名誉の勝利は彼をして震駭《しんがい》措く所を知らざらしめ、以て世界の視聴を聳動《しょうどう》せしめたり。物に因なき果はあらず、日本民族は必ず他の亜細亜民族と異なる伝統と歴史とを有し、其発達成熟によりて、此の如き光彩を発せるものならんとは、世界の想到する所にして、其原因は必ず識者の聴かんと欲する所なるべし。

と述べた。

東洋の諸民族は世界の人口の過半数を占めるにもかかわらず、不振にあえいで国が滅びようとするなか、日本帝国のみが過去五〇年のあいだに急速に繁栄をとげた。いまや早くも、ヨーロッパの強国の一つと戦って勝利をおさめたが、その名誉は戦争の相手であるロシアが驚嘆するのみならず、全世界から注目を集めている。その成功には原因がある。日本民族は、他のアジア諸民族とは異なる伝統と歴史をもち、それが発達し成熟した結果として、このように栄誉を

日露戦争の勝利を祝う提灯行列（『風俗画報』明治三十八年より）

▼**張謇**（一八五三～一九二六）　清末の官僚・知識人で、袁世凱（えんせいがい）の指揮する清軍に同行して一八八〇年代に朝鮮に駐在し、その後、九四年の科挙（かきょ）で状元（首席合格）となったが、日清戦争後は、故郷の江蘇省南通にもどり、地域開発と実業振興に努めた。清末に盛んになった立憲運動では、江蘇・上海地域の有力者として重要な役割をはたし、辛亥（しんがい）革命後の袁世凱内閣では一時農商総長を務めた。

輝かせることができたのである。このことは、かならず世界から考慮され、その原因の由来を世界の識者がたずねようとするに違いない。

大隈はこのように、日本民族を他のアジア民族と区別し、その独自の伝統と歴史を強調した。こうした考え方や観点は、十九世紀末から二十世紀初頭には、社会進化論や人類学への関心の高まりとともに、多くの日本人に共有されるものとなっており、日露戦争でロシアに勝利したことで、その優越意識は新たな段階をむかえたのであった。

一九〇三年に大阪で開催された第五回内国勧業博覧会（万博）は、近隣諸地域や世界各国からの出展者・観覧者をむかえて、大規模にくりひろげられた。当時清朝末期の中国の代表的な官僚政治家で実業家でもあった張謇《ちょうけん》▲は、万博見物に来日し、そのかたわら、明治憲法下の日本の立憲制度のあり方について情報を集めたり、北海道にまで足を伸ばして地方における義務教育制度の実情を調査したりした。博覧会は多様な情報を日本から中国にもたらす契機となったのである。

同時に、この博覧会は「人類館」の展示をめぐって物議をかもしたことでも

●——**拓殖博覧会ポスター**（大阪人権博物館発行『博覧会　文明化から植民地化』）　一九一二年の拓殖博覧会のポスターにもアイヌの女性があらわされている。

●——**第五回内国勧業博覧会正門**（『風俗画報』明治三十六年より）

●——**博覧会の「人類館」に出演した人びと**

よく知られている。日本人を進歩の頂点におくような人種展示をおこなって、中国をはじめ、展示対象となった諸地域の人びととの反発を買ったのである。当時形成されつつあった人類学などの新興学問の学術的な手続きを借りて、社会進歩の優劣を基準にしてアジア諸地域の人びとを区別し、結果として日本人の優越を印象づけようとするようなイベントは、当時の日本人のアジア観を如実に反映するものであった。

人類館展示は、はじめ一種の見世物として予定されたが、反発があったため、学術的な装いをこらして「学術人類館」とし、東京帝国大学の人類学者坪井正五郎が監修して、北海道のアイヌ、台湾の「生蕃《せいばん》」、琉球人、朝鮮人、「支那人」、インド人、ジャワ人など、日本の「内地」に近い「異人種」を集め、生活風俗や生活用具を陳列し、日常生活の一部を展示して観衆に見せようとしたという。さらに、この事件を検討した坂元ひろ子は、「進化論的な差別の増幅」（『中国民族主義の神話――人種・身体・ジェンダー』七三頁）を指摘している。展示に抗議した中国人や韓国人にも、他の「最低の人種」と同列にあつかわれたことへの憤懣《ふんまん》が含まれていて、問題は複雑であった。

こうした、日本人を他のアジア人と区別する発想は、どのようにして生まれてきたのだろうか。明治維新以来の「近代化」の成功ということが大きな要因の一つと考えられるが、さらに歴史を遡ると、古代からの過去の長い時間に、アジア、とりわけ日本を含む東アジアにおける地域秩序が、中国文明および中国王朝の有する優越的な存在感によってつくられていたことに思いいたる。

近代日本のアジア観は、そうした歴史的な中国の優越性への挑戦であったとも考えられる。すでに、近世の日本においても、中国文明にたいする懐疑や独自の自己主張も生まれてきていたとされる。本居宣長《もとおりのりなが》▲らの国学者の主張や、長崎から流入するオランダが媒介した西洋情報への関心が、伝統的な中華観をゆるがしていたことが明らかにされているが、しかしなお、多くの人びとが物事を考える思考の基盤は、古代中国に形成された思想や価値観に規定されていた。幕末から明治に流入した西洋近代の諸文物は、そうした関係を一変させるものであったといってよい。以下、そのようすをみていくこととしたい。

▼**本居宣長**（一七三〇～一八〇一）　江戸時代の代表的な国学者で、日本の古典についての徹底した研究で知られる。中国からの漢学を批判して国学の学派を大成し、その流れは平田篤胤（一七七六～一八四三）らの激しい儒教批判に受け継がれた。

①―「アジア」概念の流入と受容

中国知識人の世界認識と「亜細亜」

十六世紀から十七世紀にイエズス会▲の宣教師らがキリスト教の東アジア布教を試みた。近世の日本においても、明・清時代の中国においても、それぞれキリスト教信仰が伝えられるとともに、天文や地理などの新しい知識が紹介された。マテオ・リッチ▲らによって伝えられたヨーロッパ人の世界地理知識がもたらされ、世界の五つの大陸の一つとして「アジア」(亜細亜)という言葉が使用された。明末から清の初期に中国では宣教師らによって世界地図や地理書が出版されたが、アジア(亜細亜)の語とともに、「東洋」「西洋」という語句も用いられるようになった。

ただし、いずれも、中国から見て東の海、西の海という意味合いが強く、今の日本語の「東洋」「西洋」の意味合いとは違っていた。「大西洋」といえば、ポルトガルのことを指したし、「東洋」は東方海上に浮かぶ島国・日本を意味する場合が多かった。

▼イエズス会　耶蘇会という場合もある。プロテスタントに対抗してカトリック(天主教)の布教と発展をめざした修道会である。一五四〇年にローマ教皇の公認をえて活動を開始し、アジアへの布教に力をいれた。一五四九年に日本に渡来したザビエルはイエズス会士で、日本に続いて中国布教を試み、広東で死去した。中国布教の基礎を築いたのはマテオ・リッチである。清朝の皇帝たちは、イエズス会士を宮廷の天文台などで重用したが、布教活動には厳しい制限を加えた。

▼マテオ・リッチ(一五五二〜一六一〇)　中国布教に成果をあげたイエズス会士で、中国名を利瑪竇(りまとう)という。明末の知識人徐光啓(じょこうけい)らと深くまじわり、天文学や数学、地理学などの科学的な知識を伝えた。明朝末期の万暦帝に謁見し、北京で死去した。漢訳された世界地図「坤輿(こんよ)万国全図」は、十七世紀初めに北京で刊行され、中国の地理知識に大きな革新をもたらし、近世の日本にも伝えられて、世界の「五大州」の区分や地球が球体であるとの知識をもたらした。

幕藩体制下の日本が厳しいキリスト教禁圧政策をとったのと違い、清代中国の宮廷では、宣教師たちの学術的な知識を重用し、信仰の面ではキリスト教布教を禁ずる措置をとったあとも、宮廷内の天文台などにおいての専門的な職務は継続させた。対外交易も、制限を加えられながら断絶することはなかった。そして、十八世紀にはイギリス人商人らが中国南部の沿海地方にあらわれ、大量に茶を買いつけるような状況が生まれていた。

十七世紀半ばに満洲族の清朝が中国を統一すると、幕藩体制を確立しつつあった江戸幕府の将軍は、長崎に中国商人の来航を制限して、貿易を独占する体制をかためる一方、清朝皇帝とのあいだの政治的な関係については、断絶した状態を修復しなかった。幕府の初期には修復の意向があったとされるが、明・清の交替以後には消極的となった。清朝の側でも、倭寇《わこう》▲の記憶が濃い日本との関係については、消極的であったようである。

こうして、近世をつうじて日中間にはいわゆる「互市《ごし》▲」の関係のみがあって、正式な政治的関係は結ばれなかった。「互市」のかたちも、唐船が長崎に渡航することは許されたが、日本船が中国に渡ることは、双方で禁じていた。正式

▼倭寇　十三世紀から十六世紀にかけて、朝鮮・中国の沿海地方を荒らした海賊集団があり、「倭寇」と呼ばれて恐れられた。十三〜十五世紀の前期倭寇には日本人が多く、十六世紀の後期倭寇には中国人が多かったとされるが、史料には日本人を意味する「倭」の字が用いられて記述されることが多く、日本人による朝鮮・中国沿海地域の略奪というイメージが根強い。明朝や清朝の「海禁」政策は、倭寇の活動を念頭に、立案されることが多かった。

▼互市　中国王朝の対外交易についての用語で、海上交易を「市舶」と呼ぶのにたいして、陸上の交易を「互市」と称する場合もあった。ほかに、正式な国家関係を前提にした朝貢貿易にたいして、通商のみがおこなわれることを意味する場合もあった。近世に日本と中国のあいだには、「互市」の関係はあったが、冊封・朝貢の正式な関係はなかった。

に朝貢・冊封《さくほう》の関係を結んでいた朝鮮と中国間の関係や、琉球と中国間の関係とは大きく異なっていたのである。

このことは、しかし、近世の日本に中国からの情報がとだえたことを意味するものではなかった。むしろ幕府や諸藩が朱子学など中国の学術に強い関心を寄せたことから、長崎を入り口として、中国からの書籍や文物の輸入がさかんにおこなわれ、中国情報が大量にもたらされた。西洋起原の情報も、オランダ人が直接に伝えるもののほか、中国での翻訳をへて、漢籍の一部として伝えられる場合があり、世界地理にかんする情報などには、明末から清初に中国で活動した西洋人たちに由来するものが多かった。

近世日本の「アジア」概念受容

このように、近世の日本は西洋諸国や中国との交易を長崎に限定し、厳しい制約を加えたが、オランダ人や中国商人によってもたらされる情報は、しだいに日本社会に広がり、日本人の対外観に変化をもたらしつつあった。

長崎から流入した中国情報やオランダ情報をもとにして、江戸時代の半ばか

▼**西川如見**（一六四八〜一七二四）　中国の天文学を基礎に、長崎からのヨーロッパ天文学や地理学の情報を生かし『華夷通商考』などを著した。

ら後半になると、西川如見《にしかわじょけん》▲や山村才助《やまむらさいすけ》▲らによって新たな世界地理知識が付け加えられ、しだいに、伝統的な「唐」(中国)・「天竺《てんじく》」(インド)・「本朝」(日本)というい わゆる「三国」によって世界を認識する枠組みが変化していった。また、禁教下の日本に潜入したイエズス会宣教師を訊問して世界地理知識を更新した新井白石《あらいはくせき》▲のような例もあり、しだいに「唐」や「天竺」とは異なる「西洋」の存在に日本の知識人の関心が寄せられるようになった。

そして、十九世紀にはいると、長崎を経由して、直接にヨーロッパの世界地理情報を吸収しようとする学者が増加し、日本列島周辺についての地理情報が実測作業などによって徐々に刷新されつつあったのとあいまって、「アジア」を西洋にたいする一つの地域としてとらえる見方が生まれてきていたという。三谷博によれば、ペリー来航の一〇年前には、箕作省吾《みつくりしょうご》▲や古賀侗庵《こがどうあん》▲らの学者が、「すでに日本の知識人に西洋との交際の心構えを、信頼しうる海外情報とともに提供していた」(「「アジア」概念の受容と変容」、渡辺浩ほか編『韓国・日本・「西洋」――その交錯と思想変容』二〇〇八頁)という。

幕末、中国で清朝がイギリスとのあいだにアヘンをめぐって起こった戦争に

▼**山村才助**(一七七〇～一八〇七) 江戸時代後期の洋学者・地理学者として活躍し、とくに、新井白石の『采覧異言』を増訂する画期的な業績で知られる。

▼**新井白石**(一六五七～一七二五) 江戸中期の儒学者・政治家で六代・七代将軍の時期には幕政の中枢にかかわった。一七〇八年にとらえられた宣教師シドッチ(一六六八～一七一五)を江戸で訊問し、それによってえられた世界地理の情報をもとに、『采覧異言』や『西洋紀聞』などの著作を残した。

▼**箕作省吾**(一八二一～四六) 江戸後期の洋学者箕作阮甫(一七九九～一八六三)の養子で、地理学者として知られる。幕末の世界情勢や世界地理についての情報をまとめ、世界地図の作成などをおこなった。

▼**古賀侗庵**(一七八八～一八四七) 江戸後期の幕府の儒者で、諸子百家の学問を積み、対外関係のあり方などについても考察し、『海防臆測』などを著した。

敗れ、「中華」の世界に大きな衝撃と動揺が生じていることが伝えられた。まもなくその衝撃は日本にも直接におよぶこととなった。

一八五四年、アメリカのペリー艦隊が再度来日して、日米和親条約締結の交渉がおこなわれたが、そのさい、艦隊には香港から「同文通訳」として広東出身の中国人羅森《らしん》が同行していた。羅森は、香港でアメリカ人宣教師S・M・ウイリアムズらと交友があり、その文筆による筆談交渉の要員として雇われたのである。羅森は香港にもどると日本旅行体験をまとめて、当時香港で発行されていた華字新聞『遐邇貫珍《かじかんちん》』に「日本日記」と題して連載した。

この羅森の日本行きが、アヘン戦争▲から太平天国《たいへいてんごく》▲の時期の中国情勢の変動をまとまったかたちで日本に伝える機会となったことについては、従来すでに注目されているところである。

羅森の日記には、平山謙二郎という、木訥《ぼくとつ》で博学の幕吏がたずねてきて、中国の治乱の原因を質問したエピソードが紹介されている。平山の質問にたいして羅森は平素書きとどめていた著作を見せたという。この平山の教養は、羅森と共通の基盤に立つものであった。彼は羅森に、つぎのような書簡を送ってい

▼アヘン戦争　十八世紀にイギリス人が東アジア交易に参入し、中国産の茶葉が大量に取引され、中国には代価として銀が流入した。その後、イギリスはインド産のアヘンを中国に持ち込み、逆に中国から銀が流出するようになった。清朝の道光帝が林則徐(りんそくじょ)を派遣して強硬にアヘン取引を禁圧すると、イギリスは艦隊を派遣して中国の沿海地域を攻撃し、清朝を屈服させた。一八四二年に南京まで長江を遡行したイギリス軍艦上で条約が結ばれ、戦争は終結した。

▼太平天国　十九世紀初めにプロテスタントの宣教師たちが中国南部に布教活動をおこなうようになると、中国人信徒のなかにキリスト教の影響から、新しい宗教を興す者があらわれた。広東の洪秀全(こうしゅうぜん)が始めた上帝教は、清朝の弾圧に対抗して、地上の天国である「太平天国」を建設しようとした。太平天国は一八五三年から六四年まで南京を都「天京」として、北京の清朝に対抗したが、曾国藩(そうこくはん)や李鴻章(りこうしょう)の率いる清朝側の軍隊に敗れて滅亡した。

●黒船来航

●羅森　江戸時代、長崎以外の地に清朝の文人がくることはまれであったため、羅森は艦隊寄港地で多くの日本人に訪問され、筆談を交わした。

一千八百五十四年十月朔旦　第十一號

遐邇貫珍

香港英華書院印刷

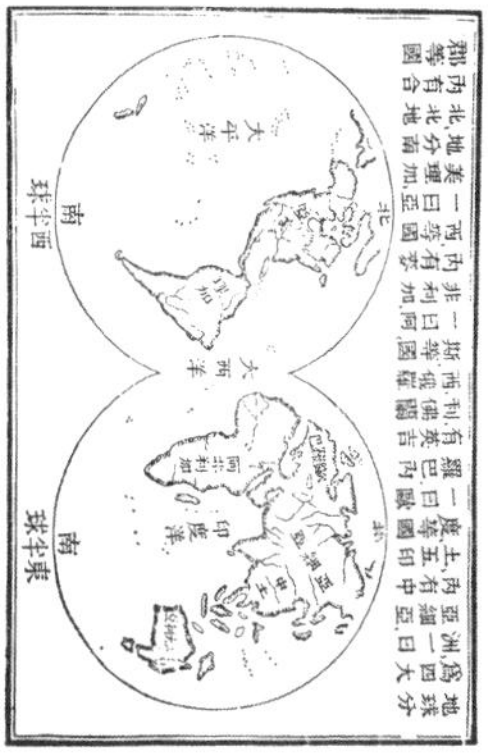

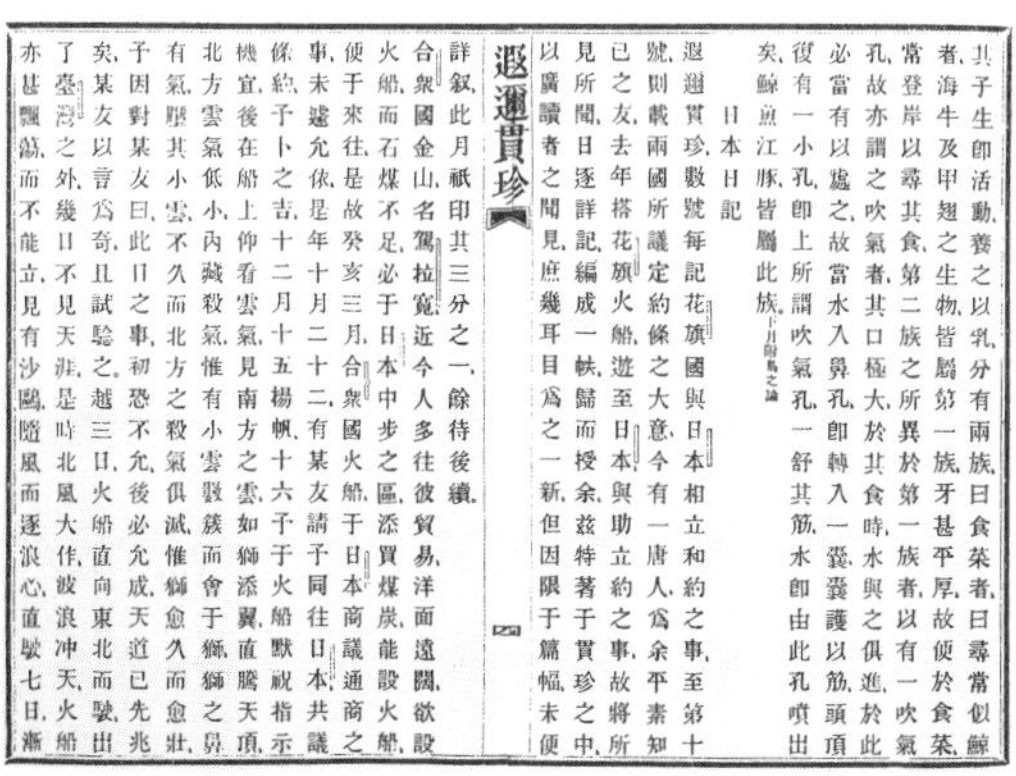

其子生卽活動、養之以乳、分有兩族、曰食菜者、曰尋常似鯨者、海牛及甲翅之生物、皆屬第一族、牙甚平厚、故便於食菜、常登岸以尋其食、第二族之所異於第一族者、以有一吹氣孔、故亦謂之吹氣者、其口極大、於其食時、水與之俱進、於此必當有以處之、故當水入鼻孔、卽轉入一囊、囊護以筋、頭頂復有一小孔、卽上所謂吹氣孔、一舒其筋、水卽由此孔噴出矣、鯨魚江豚、皆屬此族。上月附鳥之論

日本日記

遐邇貫珍、數號每記花旗國與日本相立和約之事、至第十號、則載兩國所議定約條之大意、今有一唐人、爲余平素知己之友、去年搭花旗火船、遊至日本、與助立約之事、故將所見所聞、日逐詳記、編成一帙、歸而授余、茲特著于貫珍之中、以廣讀者之聞見、庶幾耳目爲之一新、但因限于篇幅、未便詳叙、此月祇印其三分之一、餘待後續。

遐邇貫珍　四

合衆國金山、名駕拉寬、近今人多往彼貿易、洋面遼闊、欲設火船、而石煤不足、必于日本中步之區、添買煤炭、能設火船、便于來往、是故癸亥三月、合衆國火船、于日本商議通商之事、未遽允依、是年十月二十二、有某友請予同往日本、共議條約、予卜之吉、十二月十五揚帆、十六予于火船默祝指示機宜、後在船上仰看雲氣、見南方之雲、如獅添翼、直騰天頂、北方雲氣低小、內藏殺氣、惟有小雲數簇而會于獅、獅之鼻有氣、壓其小雲、不久而北方之殺氣俱滅、惟獅愈久而愈壯、予因對某友曰、此日之事、初恐不允、後必允成、天道已先兆矣、某友以言爲奇、且試驗之、越三日、火船直向東北而駛、出了臺灣之外、幾日不見天涯、是時北風大作、波浪沖天、火船亦甚飄颻、而不能立、見有沙鷗、隨風而逐浪心、直駛七日、漸

●『遐邇貫珍』の表紙と地図(上)と「日本日記」掲載頁　香港で最初の中国語月刊新聞とされる。一八五三年から五六年に刊行された。

る。

「子罕《まれ》に利を言う」、すなわち、孔子は利を語らない、というが、「利」は万悪の根源であります。日本が外国との交際をしないのは、西洋人が「利」と「奇妙な技術」で日本人の心を惑わし、忠義と廉恥のこころを忘れさせ、「父兄を敬わず君主に忠誠を捧げない」という事態を招きかねないからです。日本は外国と貿易して利益を争おうとは思いません。諸国との交際には義を重んじます。あなたは、合衆国の船で世界をめぐる機会を得ているのですから、孔子・孟子の教えを西洋にも広めるべきでしょう。

羅森への日本人の質問者のなかには、アヘン戦争を引合いに出して、聖人の国がなぜ夷狄《いてき》の後塵《こうじん》を拝するのかと問い詰める者もあったようで、羅森は返答に窮したようすがうかがえるところもある。

従来よくいわれてきたのは、日清戦争▲を境にして、日本人の中国にたいする畏敬《いけい》の念が急速にうすれていき、それにかわって中国を遅れた国として侮蔑《ぶべつ》する考え方が広まったという見方である。しかし、日本近世の倫理観の独自性や、そのころの日本人がいだいていた対外観についての新たな検討がおこなわれる

▼日清戦争　一八九四年、朝鮮で東学農民軍の武装蜂起が発生し、清朝と日本が軍を朝鮮に派遣して、両国の戦争となった。日本はイギリスを後ろ盾にし、清朝にはロシアの支持があって、列強の勢力争いが反映していたが、東アジアの地域秩序という観点からみると、中国王朝を中心とする冊封・朝貢の秩序が崩壊し、「万国公法」に準拠した主権国家の仕組が導入されるという意義があった。その結果、朝鮮は清朝の藩属から離脱して、一八九七年に「大韓帝国」と国号を変更し、東アジアに「三帝時代」が出現した。

●——**平山謙二郎**（省斎、一八一五〜九〇）江戸末期の幕臣で、ペリーを浦賀にむかえ、対外関係の職を勤めて、大政奉還直前に外国総奉行に抜擢されたが、奉還後は辞職し、明治初めに神道「大成教」を興した。

●——『**日清戦争絵報**』

と、日清戦争の前後で截然《せつぜん》と区切るような単純な見方は成立しにくくなってきている。しかし、近世日本が建前のうえではあれ朱子学を正統の学問としたり、さらには、のちに明治政府が制定した「教育勅語▲」に儒学的な道徳観が大幅に取り入れられていることからみても、かつて日本人のあいだに「聖人の国」にたいする畏敬の念があったことは否定できないであろう。

少なくとも幕末から明治初期の日本人が自らの教養の根幹を「四書五経」をはじめとする中国の古典によって形成していたことは事実であったと思われる。それゆえ、幕末から明治期の知識人は、かつて朝鮮通信使▲をむかえて筆談によって儒学的な談論をおこなったように、中国から羅森のような文人が日本に渡航すると、おおいに歓待したのであった。しかし、同時に、羅森がアメリカの艦船で来日したことは、世界情勢が従来の通念では理解しえない状況にあることを印象づけた。

よく知られているように、その後、一八六二年に幕府は貿易船千歳丸《せんざいまる》を上海に派遣した。それに乗船していた高杉晋作《たかすぎしんさく》▲など幕末の志士らは、太平天国の争乱のもとでの清朝社会を垣間み、とりわけ外国人に支配されている上海の租界

▼教育勅語　一八九〇年、第一回帝国議会の開会直前に、明治政府は「教育に関する勅語」を発布し、天皇の勅語というかたちで、国家の教育方針の根本原則を示した。儒学的な徳目を重視し、忠君愛国を強調した内容となっており、国民はこれを諳誦し奉読すべきものとされた。戦前の天皇制にもとづく国民教育の支柱であった。日清戦争後の清朝末期に明治国家の近代化に着目した中国の知識人のなかには、『勧学篇』を著した張之洞(ちょうしどう)のように、儒教道徳を重視する「教育勅語」を評価して、日本に関心を寄せる者も多かった。

▼朝鮮通信使　朝鮮国王が日本の政権の主権者のもとに派遣した正式の使節で、修好や慶賀を目的とした。豊臣秀吉はこれを服属使節とみなして朝鮮との摩擦を生じ、遠征軍を派遣するにいたった。江戸幕府は関係の回復をはかり、江戸初期から十九世紀の初めまで、一二回の派遣がおこなわれた。

▼高杉晋作(一八三九〜六七)　幕末の長州藩士で、吉田松陰の松下村塾

に学び、長州藩の尊王攘夷運動や討幕運動の中心人物として活躍した。一八六二年、幕府が貿易船千歳丸を上海に派遣すると、乗員に加わって上海に渡航し、開国後の上海の状況を実地に見聞して『遊清五録』などの記録を書き残した。

の状況に甚大な衝撃を受けた。上海にはイギリスやフランスの租界がおかれ、清朝の主権ははなはだ侵害されており、さらに上海の郊外には太平天国の軍勢も迫ってきていて、騒然たる社会状況にあった。こうした上海での体験は幕末の志士の危機意識を刺激したとされる。現実の中国の状況が、彼らが書物をとおして頭のなかに形成していたイメージと大きく異なることに気づかされたのである。

②―大陸への恐れと「文明日本」の差別化

明治初期の「興亜主義」と同時代のアジア

幕末から維新期の新たな状況の展開に応じて、日本人のなかには積極的に欧米文化の受容を唱える者が有力となる一方、欧米勢力の広がり方に着目して、欧米諸国が勢力を伸ばしつつある地域の存在に着目し、アジア諸地域の現状に問題を発見する者もあらわれた。そうした人びとのなかには、欧米勢力に対抗する「興亜」の可能性を議論する動きが生じた。そして、その可能性は「聖人の国」の現状と深くかかわっていると考えられるにいたった。「聖人の国」の現状を知ることから生じる衝撃や疑問が、その後いっそう顕著となっていったからである。

明治にはいり、一八七一年に、日本は清朝とのあいだに日清修好条規▲を結び、これを機に日中間の人の往来は格段にふえた。中国から来日した初代の清国公使館員らを、明治の漢学者や文人たちが争って饗応《きょうおう》したことはよく知られている。日本から大陸に渡る者もふえた。琉球民の台湾での遭難をきっかけに強行

▼**日清修好条規**　一八七一年七月、日本は清朝とのあいだに「大日本国大清国修好条規ならびに通商章程各海関税則」を締結し、長く杜絶していた国交を再開した。「条約」ではなく「条規」の語が用いられたのは、両国の歴史的な関係に配慮したからとされる。対等の関係で結ばれたが、最恵国待遇条款がないことや領事裁判権を相互に認め合ったことが特徴であった。批准書の交換までのあいだに、台湾出兵という事件が発生した。

●—**台湾出兵**　日清間の国交は修好条規で開かれたが、同時に問題となったのは琉球王国の「両属」をどのように処置するかであった。清朝側は、清と琉球の従来の関係を変更する必要はないと考えていたが、日本側では琉球の日本帰属を国際社会に認めさせたいと考えていた。一八七一年に琉球の船が台湾で遭難すると、日本はこの事件の責任問題を清朝側に追及し、清朝側の伝統的な対応に乗じて、七四年、日本は軍隊を台湾に派遣した。これは明治政府がおこなった最初の海外派兵であった。同年、大久保利通が北京に出向いて交渉にあたり、ようやく和議が成立した。その後、日本は「琉球処分」を進行させた。

●—**台湾出兵をめぐる日清交渉**（『明治太平記』）

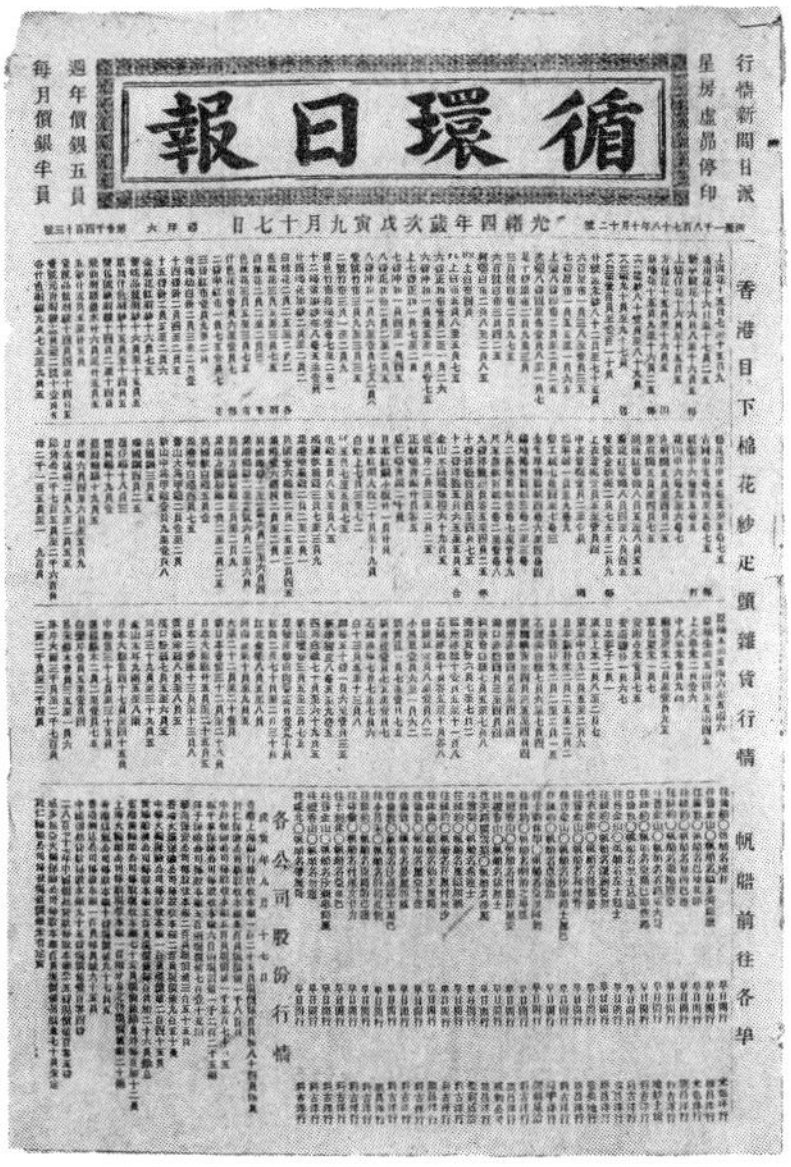

行情新聞日派
星房盧昂停印

循環日報

週年價銀五員
每月價銀半員

光緒四年歲次戊寅九月十七日

香港目下棉花紗疋頭雜貨行情

帆船前往各埠

各公司股份行情

●—**『循環日報』**（一八七八年）　王韜（二〇頁参照）が香港で発行した新聞。

された一八七四年の台湾出兵では、台湾への軍の派遣に並行して、軍事的な偵察要員が多数大陸各地に送り込まれた。こうした動きにともなって当時の中国社会にかんする情報も格段に豊富となり、旅行記の類もつぎつぎに出版された。

　海軍の軍人で、最初の興亜主義団体である「興亜会」(二四頁参照)の結成に活躍した曾根俊虎《そねとしとら》の『清国漫遊誌』(一八八三年)、熊本藩の儒者出身で、一八七五年に森有礼《もりありのり》▲公使に従って北京の日本公使館に赴任した竹添進一郎《たけぞえしんいちろう》の『桟雲《さんうん》峡雨《きょうう》日記並詩草』(七九年)、仙台藩士の出で維新後に修史館編修官の職を務め、七九年には日本をたずねた香港《ホンコン》在住の文人王韜《おうとう》▲と交流し、ついで王韜の招きで、八四年、中国を旅行した岡千仞《おかせんじん》の『観光紀游』(九二年)などがとくに有名である。

　これらの旅行記は、中国の古典や文学に登場する名所・旧蹟をたずねた記録を書きとどめるとともに、現実の中国社会にたいする観察や、旅行先で訪問した知識人、官僚らとの交際のようすについても伝える。そして、そこには清末中国社会の病弊を描写し、批判するような記事も書き込まれることとなった。

　岡千仞は、とりわけ「煙毒」と「経毒」という言葉を使って清朝支配下の中国社会の深刻な病弊を指摘している。「煙毒」の「煙」とはアヘン吸飲のこと

▼森有礼(一八四七〜八九)　外交や文教部門で活躍した明治前期の政治家で、明治憲法発布の当日に国粋主義者に暗殺されたことでも知られる。明六社の設立に参画し『明六雑誌』に国家独立などのテーマの論説を発表した。一八七五年、特命全権公使に任命されて清国在勤を命じられ、翌年北京に着任した。森はただちに北京近隣の保定府にいた直隷総督・北洋大臣の李鴻章をたずね、二回にわたって面会したが、文明開化や近代的国際関係をめぐる対談の内容は、西洋近代文明にたいする当時の中国と日本の考え方の違いを示していて、興味深い。

▼王韜(一八二八〜九七)　上海近郊に生まれ育った王韜は、科挙受験の準備を途中で断念して、開港直後の上海に赴き、西洋事情を学んだ。一八六〇年代・七〇年代に香港に亡命したが、そこでイギリス人宣教師の経書英訳を助けたり、新聞『循環日報』を発行したりした。とくに日本では、普仏戦争をあつかった書物『普法戦紀』が有名となり、言論人からまねかれて日本旅行をしたこともある。「興亜会」は王韜にも参加

内藤湖南(一八六六〜一九三四)　秋田県出身のジャーナリスト、東洋史学者として著名。清朝考証学についての深い学識に加えて、中国・朝鮮の各地に出向いて実情を把握し、雑誌『日本人』や『大阪朝日新聞』『万朝報』(よろずちょうほう)などの記者として健筆をふるった。一九〇七年に京都帝国大学にむかえられ、「京大支那学」の発展に貢献した。内藤は、中国文化の歴史的蓄積を高く評価しており、西洋的な近代とは異なる独自の中国的な近世社会を重視していた。同時に、清末から民国時代の現実の中国にみられる政治的な混乱については、外部からの強い力によって秩序がもたらされることもありうると考えていた。

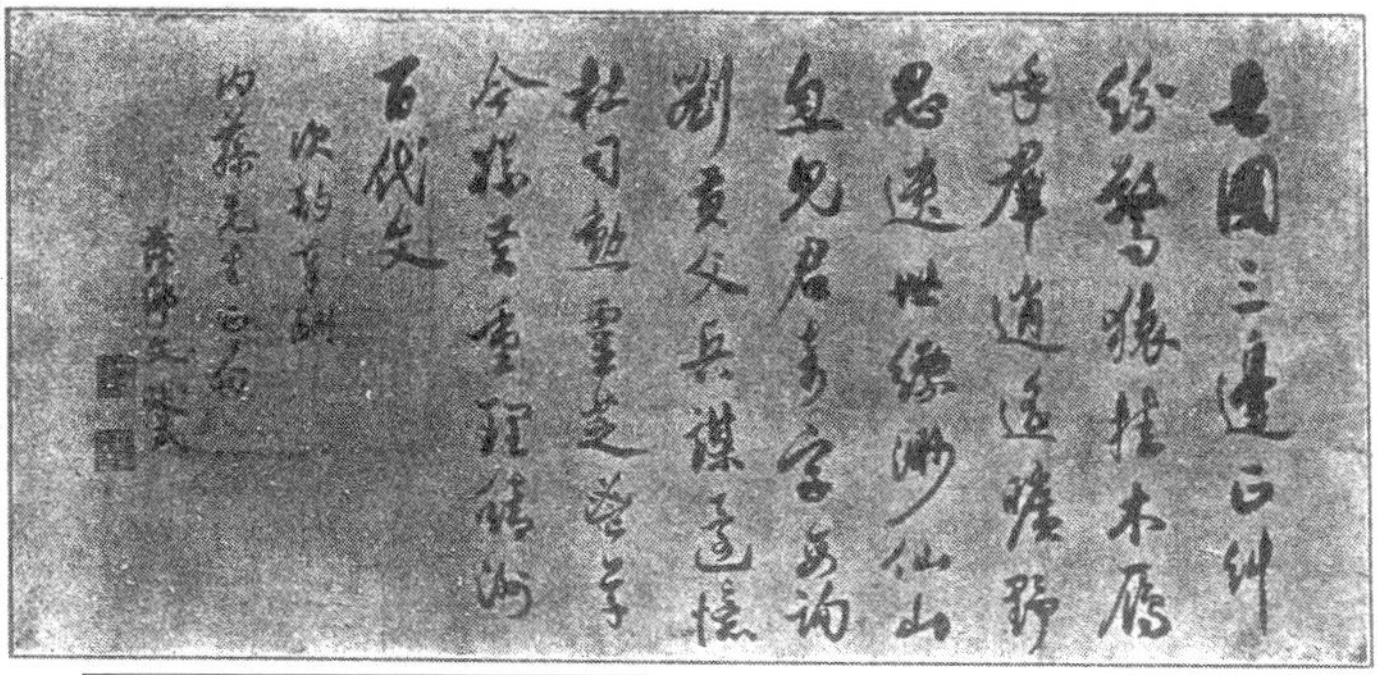

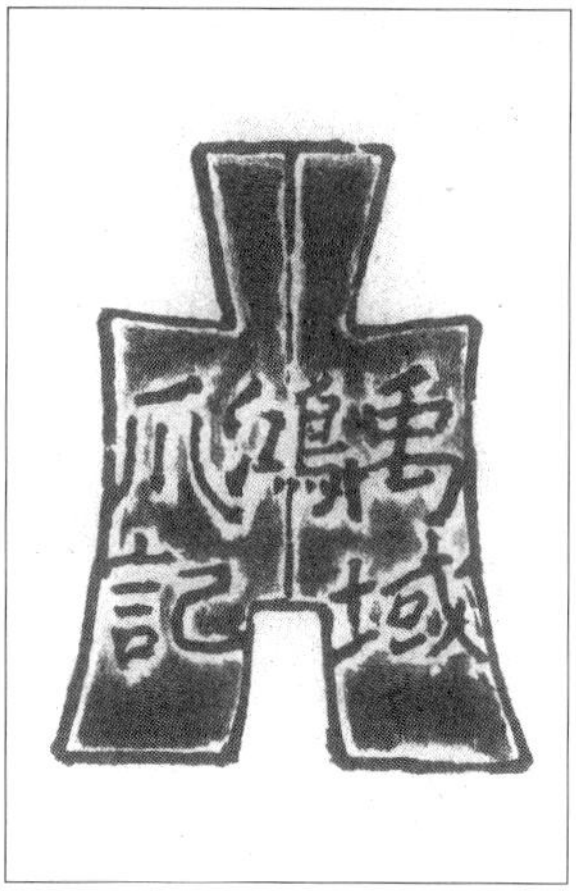

『支那漫遊　燕山楚水』の口絵(上)**と中表紙**(左)　「燕」は中国北方の地名で北京の周辺を指し、「楚」は南方の長江下流域をいう。燕の山と楚の水で、中国各地の自然と風物を意味している。中表紙に記された「禹域」(ういき)は古代中国の神話的な人物である禹がおさめた領域のことで、中国を意味する。「鴻爪」(こうそう)は旅の足跡のこと、旅行記の意味。

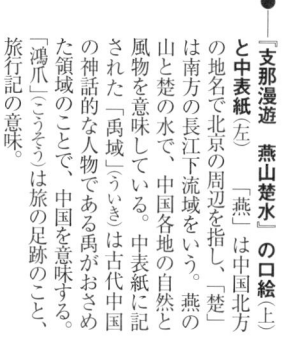

で、中国社会の上下を貫いてアヘン吸飲の風習が蔓延し定着していることを指摘する。他方、「経毒」の「経」は儒学の経典である「四書五経」のことで、科挙《かきょ》制度の実態とも関連して、中国知識人のあいだに儒教の古典にかたよった時代錯誤の思想風紀が蔓延していることを問題とした。

竹内実が『日本人にとっての中国像』で指摘するように、竹添や岡、さらにやや時代をくだって内藤湖南《ないとうこなん》『支那漫遊　燕山楚水《えんざんそすい》』（博文館、一九〇〇年、二一頁参照）などの旅行記にみられる中国社会への評価（四五頁参照）は、彼らがいずれも深い漢学の素養をもった文人であったにもかかわらず、明治日本の国民国家建設が進展するのと歩調をあわせるかのように、時代をくだるにつれて痛烈・辛辣《しんらつ》なものとなっていく傾向があったようである。

伝統的な儒学の価値観によれば、儒学の古典につうじ、それらの経典にもられている人倫を身につけていることが、すなわち「文」であって、天子を頂点にした秩序の体系のもとで、そのような価値観が広がっていくこと、または広めていくことが、「文化」にほかならなかった。そのような「文化」に浴さぬ人びとは、「夷狄《いてき》」と考えられた。

を呼びかけているが、伝統を無視した日本の文明開化には批判的であった。

▼福沢諭吉（一八三四〜一九〇一）　慶應義塾で近代の文明や国家の独立を説いていた福沢は、明治日本の近代化の方向を定めた思想家・教育家として、評価されることが多い。日本の独立のみならず、朝鮮の問題についても深い関心をもった福沢は、腹心をソウルに出向かせたり、慶應義塾に多数の朝鮮からの留学生を受け入れたことでも知られている。しかし、そうした努力は、一八八二年から八四年のあいだに、朝鮮政界で

しかし、儒教を親のかたきとみなした福沢諭吉《ふくざわゆきち》▲を例に引くまでもなく、明治の日本ではこのような考え方に大きな変化が発生した。東洋的な伝統を尊重するような考え方を、遅れとか退歩ととらえるような、欧米流の進歩をめざす「近代的」な文明観が広がったのである。漢学の素養をもった人物の場合でも、明治日本の近代化の成功を評価する姿勢は強かった、または、しだいに強まったというべきであろう。

それゆえ伝統中国への思い入れが少ない観察者の場合には、実体験への驚きと違和感は、いっそう大きかったようである。ところで、こうした理想と現実のズレに類する問題はしばしば発生しうる。明治期には、古代中国の夏《か》・殷《いん》・周《しゅう》の時期はよくおさまっていたといういわゆる「三代」の理想的イメージと現実の清末社会体験のズレやギャップが問題となった。近年、二十世紀後半にいわゆる「文化大革命」▲(文革)の波が終息した時期にも、似たような事態が生じたことがあった。理想社会の像と現実との大きな乖離《かいり》に、多くの人びとがとまどったのである。

そして、明治日本からの訪問者たちの場合には、自らの「文明開化」の目で

開化派が挫折したことによって、失敗に終わってしまった。その直後に、福沢は「脱亜論」という論説を発表した。これは、清国や朝鮮の内発的な近代化の可能性を否定するものであった。

▼文化大革命　一九六〇年代から七〇年代のほぼ一〇年間、中国では「プロレタリア文化大革命」が提唱され、毛沢東(もうたくとう)の唱える永続革命の考え方のもとで、「近代化」を否定する独自の理想社会建設が求められた。一九七六年に毛沢東が死去すると「文革」は終息し、鄧小平(とうしょうへい)の「改革開放」路線に転換する。一九八〇年代には、日本の近代化にたいする評価が一時的に非常に高まって、福沢の「脱亜論」を再評価する議論さえ登場したことがあった。

このようなズレを解釈し、対象となる社会の遅れを指摘したのである。

一八八〇年、海軍から中国視察の機会をえた経験を有する曾根俊虎などが精力的に勧誘をおこなって、「興亜会」▲という団体が結成された。これは、欧米諸国の圧力に対抗してアジアの振興を唱え、そのための実践活動を推進しようとする民間有志の団体であった。これに参画した人びとは、非ヨーロッパを包み込む漠然とした「アジア」という地域概念のもとに、欧米諸国に対抗する足場の構築を訴えた。しかし、彼らの考えでは、現実に存在するアジアの伝統やアジア社会の現状は、それこそまさに克服すべき対象であった、ということに留意しなければならない。

同年七月に開かれた興亜会の第四回会合で、『朝野《ちょうや》新聞』の記者で自由党員でもあった高橋基一《たかはしきいち》▲は、つぎのような演説をしている。

興亜の事に関し我邦の協心戮力《りくりょく》すべき者は、清国を舎《お》きて復《ま》たあるなきなり。然《しか》れども我邦と清国とは開化の程度に於《おい》て大なる懸隔あり。従って彼我国人の思想を異にし目的も亦《また》同き能《あた》わず。苟《いやしく》も此《かく》の如《ごと》きならば、其一時相合するは、則ち相離るるの始なり。一合一離、興亜の事に於て何の効

▼興亜会　西南戦争ののち、大久保利通は対外政策研究のため、アジア振興の意を込めて「振亜社」という団体結成を企図したが、まもなく暗殺されて実際の活動にいたらなかったという。その系譜を受け継いで一八八〇年、やはりアジア振興を標榜する「興亜会」という団体が結成された。興亜会は、海軍軍人出身の曾根俊虎や宮島誠一郎、中村正直らも名を連ね、香港の報道人である王韜にも賛同を呼びかけ、また、日本にはじめて赴任した清国公使館の館員〈公使何如璋〈かじょしょう〉、参賛黄遵憲〈こうじゅんけん〉らがいた〉にも参加を呼びかけた。

▼高橋基一（一八五〇～九七）　『朝野新聞』の前身は、旧松江藩の『公文通誌』で、旧藩士高橋基一が主筆だった。改題にあたって成島柳北などをむかえ、自由民権派の有力新聞となった。高橋基一は言論人として、また自由党員として、自由民権運動の理論家の一人であった。

●——『朝野新聞』(再々刊紙)明治三十三年七月十五日の一面挿画　前列右より高橋基一、乙部鼎(?)、成島柳北、内田誠成、磯部節、後列右より沢田直温、野田千秋、浅野乾、末広鉄腸。

●——『朝野新聞』社屋の復元模型　成島柳北が社長で、政論新聞として東京の新聞界にその名を馳せた。銀座四丁目角にあり、木造二階建てのモダンな洋館だった。

力あらんや。然らば日清二国をして真実に協心戮力せしむる法ありや。曰く、あり。其開化の度をして稍《や》や同じからしむべきのみ。(『興亜会報告』第八集、明治十三〈一八八〇〉年七月二十九日、一六頁〜)

興亜の事業に関連してわが国が協力すべき相手は、清国以外にありえない。しかし、わが国と清国とは開化の程度がはなはだしく異なっている。それゆえ両国の人びとの思想も目標も同一ではない。こうした状況のままでは、接近するときがあってもすぐに離れるであろう。着いたり離れたりでは興亜の事業に効果がない。それならば、日清両国をほんとうに協力させるにはどういう方法があるだろうか。方法はある。両国の開化の度合いを同じようにさせればよいのだ。

高橋基一は、清国の「開化」の程度が現状よりも進展することこそが、日清両国の協力が成り立つ前提であることを強調する。そして現状では清国は「開化」にほど遠い。そこで緊急に「清国人の目が斜視を病んでいるのを治療する」必要がある。高橋は、斜視を治療するための具体的な方策として、中国で日本人が経営して「開化の新主義」を宣伝する漢字新聞を創刊するよう提案した。高橋によれば、従来清国で刊行されている諸新聞は、「斜視を病む人に斜視の人の論説を使って教えようとする」ような記事を掲げるばかりだから、というのである。清代中国の同時代の社会状況を、明治日本からみたときに、なお聖人の国として尊重する人びとがいなかったわけではないが、この高橋基一の例にみられるように、もはや中国に「文明」を認めないような論調も広がりつつあったのである。

「文明化の使命」と「日本の天職」

このような「文明」と「野蛮」の逆転現象は、一八九四年の日清戦争において決定的となった。福沢諭吉は戦争を、文明と野蛮の戦いととらえ、正式の宣戦布告に先んじて戦端が開かれると『時事新報』七月二十九日号に論説「日清の戦争は文・野の戦争なり」を掲載し、さらに『時事新報』十一月十七日号に掲載した論説「破壊は建設の手始めなり」においては、朝鮮にたいする強迫的な改革の必要性を主張した。

其国質を概評すれば知字の野蛮国とも名付く可《べ》きものなれば、其改革の方法手段を談ずるに、都《すべ》て日本の先例を以《もっ》て標準を定む可らず。……唯我日本国の力を以て彼等の開進を促がし従わざれば之に次ぐに鞭撻《べんたつ》を以てして、脅迫教育の主義に依るの外なきを信ずるものなり。

朝鮮の国の体質をひとことでいえば、文字を知っている野蛮国というべきものであって、その国を改革する方法や手段としては、なにもかも日本の先例を標準とすることはできない。……いずれにせよ日本の国の力によって朝鮮の開化を促し、従わないようであれば鞭打ってでも従わせるべきで、脅迫によって教育するという考え方で対処するほかはない。

日本は、自主的に開化の道を歩んだが、朝鮮は日本が「脅迫教育」をほどこして、はじめて開化が可能になる、という。福沢の論調はまことに過激である。

さらに、のちに、日露戦争にさいしては「非戦論」を唱えて開戦に反対したことで知られる内村鑑三《うちむらかんぞう》▲も、日清戦争が始まったころには、これを文明と野蛮とのあいだの決戦であると考えていた。内村は『国民之友』九月三日号に、「日清戦争の義」という論説を掲載し、清を「世界の最大退歩国」と規定し、「支那は社交律の破壊者なり、人情の害敵なり、野蛮主義の保護者なり」と断

▼内村鑑三（一八六一～一九三〇）　内村鑑三は、無教会主義のキリスト教宗教家・評論家・教育者として著名。札幌農学校で洗礼を受け、「教育勅語」への敬礼を拒否して教職を追われたことがある。日清戦争の開戦時には、「文明・野蛮」の観点から戦争を支持したが、その後の戦局の推移と日本軍の行動によりしだいに批判的となり、日露戦争の開戦のさいには「非戦論」を唱え、幸徳秋水や堺利彦らとともに「万朝報社」を退社した。植民政策学の経済学者で、中華民国の国民経済建設を支持した矢内原忠雄（一八九三～一九六一）は、内村門下の一人。

▼徳富蘇峰（一八六三～一九五七）　熊本県水俣の出身。本名を猪一郎という。徳富蘆花（本名健次郎）の兄。一八八〇年代には『国民之友』『国民新聞』などによって「平民主義」を提唱していたが、日清戦争を契機

じて、このような清との戦争は、文明のための「義戦」（正義の戦い）であることを強調した。

　また、この年の十二月に民友社から『大日本膨脹論』を刊行した徳富蘇峰《とくとみそほう》▲の論調も同様であった。彼は日清戦争について、「世界に於《お》ける頑迷主義に一大打撃を与え、文明の恩光を、野蛮の社会に注射せしめん」とするものであり、日本は「文明の案内者、人道の拡張者」である、とした。

　すでに興亜会の時期から、アジア主義者のあいだにも、清を文明の進歩を直視しない「斜視」の国とするような論調が起こっていたが、一八八〇年代から日清戦争の時期にかけて、そうした論調はさらに広まったようである。

　日本近代における代表的な自由主義政治家と評され、大正期の護憲運動や戦時中の翼賛選挙反対で知られる尾崎行雄《おざきゆきお》▲は、彼が二十代後半の年齢で『報知新聞』記者をしていた時期に、とくに清国の実状を報道することを志願して中国に赴き、「遊清記」という旅行記を残した。前記の岡千仞と同じく、ベトナム王朝にたいする宗主権をめぐって清仏戦争が勃発した一八八四年のことであった。その十月二十五日の記事は、上海城内の光景をつぎのように描写する。

に「国家主義」を唱えるようになり、桂太郎と提携して政治活動に参画し、一九一一年には貴族院議員となった。太平洋戦争中の一九四二年、「大日本言論報国会」の会長に就任し、戦時下の言論・思想界の中心的な役割を演じた。戦後、公職追放の指名を受け、熱海に隠棲した。代表的な著述に、『近世日本国民史』全五〇巻がある。

▼**尾崎行雄**（咢堂〈がくどう〉、一八五八～一九五四）　明治から昭和の政界で活躍した尾崎行雄は、神奈川県の出身で、慶應義塾に学び（中退）、『新潟新聞』主筆をへて矢野文雄の招きで一時官僚になったのち、「明治十四年の政変」で大隈重信・犬養毅らとともに下野し、『郵便報知新聞』や『朝野新聞』の記者として活動した。その間、一八八二年には立憲改進党の創立に参画し、九〇年の第一回衆議院総選挙で立憲改進党の議員として三重県から当選し、その後一九五二年まで、連続二五回当選をはたした。憲政擁護運動で活躍し、軍部の独走や国家主義的な風潮を批判しつづけたことでも著名で、「憲政の神様」などと称されたこともある。

内村鑑三

『国民之友』(民友社)

午後知人両三名と再び上海城内に入て物を買う。悪臭の鼻を衝くこと依然として曩時《じょうじ》に異ならず。乞丐《きっかい》児の街側糞便堆裡に平坐《へいざ》して、銭を乞う者益々多きを覚う。其内糞中に横臥《おうが》し血を吐く数升、呼吸将《ま》さに絶えなんとして未だ絶えず、呻吟苦を叫ぶの際、尚《な》お既に冷却せりと思わるる計《ばか》りの瘦手を出して、銭を乞う者あり。余一見悚然《しょうぜん》寒からずして膚粟《ふぞく》を生ず。支那人毫《すこし》も之《これ》を怪まず、平視調笑して過ぐ。(「遊清記」『尾崎咢堂全集』第三巻、二八九〜二九〇頁)

尾崎は、知人たちと上海の町のなかで買い物をしたが、市街の悪臭は我慢できないほどであった。さらに、多数の物乞いの少年が道路脇に泥水のなかに座って、通行人に金銭を求めている。泥水中に横臥して喀血し、死にそうなようすの者もいて、それでもなお冷たくなった手を伸ばして、金銭をねだる。私はその光景を目にして鳥肌が立つのをおさえられなかった。しかし、「支那人」は、少しも怪しまず、平然として通り過ぎる。

ここに紹介された上海の市内の状況は、日本の読者に、どのように読まれたのであろうか。さらに、翌十月二十六日の記事には、天津から上海に到来した

徳富蘇峰

尾崎行雄

日本人の知人との会話の模様が、つぎのように記録されている。

北地の状況を説くこと甚だ詳《つまびらか》、内に云《い》うあり、支那人の利を見るに急なる、道を問うも尚お銭を請い、社寺に至れば一門を開く毎《ごと》に必ず銭を請い、甚だしきは既に過ぐるの後ち急に之を閉ざし再び銭を与うるに非ずんば其出還を許さざるに至ると。又《また》云うあり、孔廟の如きは曲阜《きょくふ》の本廟を模せる者にして、結構壮大ならざるに非ずと雖《いえど》も、築造一たびも之を修理せるの色なく、乞児の如き者之を守て毫《すこし》も掃清の役を執らず、糞尿、門の内外に狼藉《ろうせき》たりと。孔夫子若《も》し霊あらば支那に在て此薄遇を受くることをせず、何ぞ去て我が昌平橋畔の廟社に転居せざるや。（「遊清記」『尾崎咢堂全集』第三巻、二九〇頁）

北方のようすを詳しく聞いたが、それによれば、「支那人」は利に敏く、道をたずねても金銭を求めるという、社寺では、門からなかにはいるたびに金銭がいるだけでなく、門を出るときにも銭を出さないと出してくれないことさえある。尾崎は、中国人の守銭奴ぶりを強調し、さらに聖人を祀った孔子廟が手入れもされず荒廃しているとして、こういう事態では、孔子の霊も冷遇にたえか

▼**湯島聖堂**　十七世紀に林羅山(はやしらざん)が上野に建てた孔子廟(聖堂)がもととされる。一六九一年に林家の家塾とともに湯島に移され、それ以後、「湯島聖堂」と称されるようになった。林家家塾は拡充されて「昌平黌(しょうへいこう)」と呼ばれるようになり、寛政の改革ののちには幕府直営の学問所とされ、「昌平坂学問所」と公称されるようになった。明治維新後、新政府に移管され、大学校となった。

ね、東京の昌平橋にある聖堂▲に転居したがっているに違いない、と極言する。

尾崎は帰国後、熱心に「征清論」を唱えて世間を驚かせたという。隣国にことさらに冷淡な姿勢で批判を加えることによって、日本国内の政論に一定の地歩を確保しようとした傾向をうかがわせる論調である。しかし、街の臭気や不潔さについての記述は、尾崎のみならず、多くの旅行記に共通して登場するテーマであり、これは近代文明の対極にある野蛮さと社会秩序の紊乱《びんらん》を指摘する視点につながるものであった。

また、中国の人びとの金銭欲や守銭奴ぶりを記録する例も、枚挙にいとまがない。こうした実地の印象をつうじて、それまでの日本人の多くが多かれ少なかれいだいていた「孔孟の国」への畏敬と憧れはしだいに雲散霧消してしまい、中国社会の衰退、さらには崩壊と滅亡の予測が記述されることとなった。

日清戦争の時期に、福沢は、前述のように、朝鮮強迫改革論を述べていたが、清国にも強迫をほどこせと主張する議論も強まった。すでに立憲改進党代議士となっていた尾崎行雄は、日清戦争の末期に「清帝の逃走」と題する評論を書いて、清朝の政治の腐敗と「清廉潔白なる我が日本の政道」を対置し、清朝皇帝にかわって日本の天皇が中国を統治すべきことを提唱して、つぎのように述べている。

東印度商会は能く印度二億の民衆を服従せしめたり。堂々たる我が帝国の力を以て、支那四億の民衆を服従せしむる能わずと云うものあるも、余輩は之を信ぜず。
嗚呼《ああ》支那人は真主を待つこと三千年の久しきに及べり。而して未だ一たびも之に遭遇するの幸運を見ざりき。彼等若し一たび日本皇帝の主権の下に立たば、必ず脱獄昇天の想いあらん。之を是れ察せず、清帝の遁走《とんそう》を憂え、又支那の治め難きを憂うるは、誤謬《ごびゅう》の極なり。（「日清戦時評論」『尾崎咢堂全集』第四巻、二九一頁）

ここで尾崎は、日本をイギリス帝国主義になぞらえ、インドを植民地化した東インド会社の事業を、大陸にほどこせと述べる。「支那人」は三〇〇〇年にわたって「真主」を求めてきたが、いまだに実現しない。彼らが日本の天皇の主権のもとにはいるなら、あたかも地獄をぬけだして天国にのぼる思いをいだくだろう。それゆえ、清朝皇帝がその位から逃げ出すことを心配したり、その社会不安を憂いたりするのは誤りである。清朝の動揺を考慮するのではなく、日本の力による統治の方向をめざせ、と尾崎は主張している。

自らがアジアに属しているという意識は、尾崎のこのような議論の場合、ほとんど認められなくなってしまったといってもよい。近隣諸国・諸地域を日本の支配下にいれてしまったほうが、その地の住民にとって利益が大きいと説く。近代文明の観点からも、さらには本家本元の孔・孟の教えの観点からさえも、日本の支配こそ望ましいということになるのである。

大日本帝国における「西洋」と「アジア」

これまでみてきたように、明治維新後の日本では、いち早く「文明開化」を成しとげつつあるという実績の自覚を踏まえて、他のアジア諸国・地域から日本を差別化しようとする傾向があった。こうした事態の底流には、「開化」達成への自負のみならず、巨大な大陸、ことに隣国中国にたいする一種の恐れの念があったことに注目したい。これは近世以前から持続してきた意識に由来すると思われるが、明治期に現実の姿に接したことによって、恐れの念は再生産

▼**岸田吟香**（一八三三〜一九〇五）　岸田吟香は少年時代に岡山から江戸に出て、塾に学び、ついで横浜で宣教師のヘボンと知り合い、『和英語林集成』の編集に協力した。また、ヘボンから眼薬調剤の方法を学び、のちに薬局を開くこととなる。その後吟香は、ヘボンの辞書の印刷のために上海に渡り、日中貿易の可能性に目を開いただけでなく、明治初めの新規事業には大小かかわらず興味をいだき、さまざまな業種を実際に開業した。一八七二年には『東京日日新聞』の記者となり、七四年の台湾出兵に「従軍記者」として参加している。その後、銀座に開いた「楽善堂」という薬局の支店を、一八七八年に上海に開設し、以後、興亜会や日清貿易研究所、東亜同文会などの団体で活動を続けた。

され、それゆえにまた、いっそう「文明国」日本の自意識を駆り立てるという事情があったように思われる。

　近代の日本で、いち早く中国に渡り、活動する機会のあった岸田吟香《きしだぎんこう》▲の例をみてみよう。慶応年間から明治初年という、比較的早い時期から上海と日本を往来し、楽善堂《らくぜんどう》薬舗の経営など異色の商売をいとなむとともに、その後二十世紀初頭の東亜同文会▲設立の時期まで一貫して日清間のさまざまな民間提携事業にも参画しつづけた岸田吟香にしても、中国への恐怖と無縁ではなかった。『朝野新聞』一八八〇年五月十九日号に掲載された岸田の「淡々社諸君ニ寄セシ書牘《しょとく》」という文章には、イリ地域をめぐる清とロシアとの紛争をめぐって、つぎのような見方が示されている。

　すなわち、岸田によれば、「支那人が一般にかくのごとく頑固にて鴉片《アヘン》中毒症のごとくなるは、我が日本のためには実に有《あ》り難《がた》き仕合《しあ》わせ」であって、「万一これが我が日本と同様の調子合いにて、開化々々文明々々と頻《しき》りに競い、先を争うて進」むならば、「いかなる神国の日本にても」対抗できないのではないか。それだけに、ロシアとの紛争がもし戦争になるようなら、当面清国は

▼東亜同文会　中国問題やアジア情報についての調査や研究、さらに日本の影響力の拡大などをめざした民間団体。近衛篤麿が組織した同文会と東亜会が合併して一八九八年に成立した。一九〇〇年には亜細亜協会を吸収し、さらに国民同盟会結成の中心となった。東亜同文会は貴族院議長近衛の声望を軸に、荒尾精(三九頁参照)の日清貿易研究所にたずさわった人材が中核となって結成され、中国現地の上海に東亜同文書院という学校を経営して、人材の養成をおこなった。東亜同文書院は一九三九年に東亜同文書院大学となったが、日本の敗戦とともに閉鎖され、戦後、愛知大学に引き継がれた。東亜同文会も四六年に解散したが、活動の一部は霞山会に引き継がれている。

敗戦するであろうが、その敗戦の衝撃によって、大きな変化が起こるかもしれない、と岸田は予想する。

支那人戦負け尽すの日に至り大に西洋法の善美にして可尊ことを知り、李鴻章党の説益《ますま》す行われ、遂《つい》に電信を架し鉄道を築き鉱山を発掘し器械を製造し、全土凡百の物西洋の良法を悉《ことごと》く採用し、俄《にわ》かに大象の眠を醒し候《そうら》わば是《こ》れ迄《まで》傍に戯れ居たる虎も俄かに尾を巻て奔竄《ほんざん》せざるを得ざるに至り可申と存候。

ロシアとの戦争に大敗したなら、「支那人」は西洋の方法が重要であることを痛感し、李鴻章《りこうしょう》▲一派の改革説がいっそう盛んになるだろう。電信を設置し、鉄道を敷き、鉱山を開き、工業を興し、すべてに西洋の良法を採用して、大きな象がにわかに眠りから覚めることとなるかもしれない。そうなれば、これまでその側で遊んでいた虎などはシッポを巻いて逃げ出すほかなかろう。

岸田はここで、清国の現状を今後覚醒する可能性のある「大象」に喩え、日本はそのそばに戯れる「虎」であって、象が眼を覚ませば尻尾を巻いて逃げるしかない、と述べる。中国の現状が開化の段階にいたっていないことを指摘す

▼李鴻章（一八二三〜一九〇一）　清朝末期のもっとも重要な政治家の一人で、とくに対外交渉では大きな役割をはたした。太平天国の鎮圧で曾国藩（そうこくはん）の部下として頭角をあらわし、一八七〇年以降は二五年にわたって直隷総督・北洋大臣を務め、清末の近代産業導入と対外交渉の実質的な中心人物であった。日清戦争は、李鴻章が養成した清朝の近代的軍事力がその真価を試されることとなり、敗戦によって彼の政治的な影響力は小さくなった。しかし、下関条約の締結交渉では、清朝側を代表し、義和団事変後の北京の条約交渉でも中心的な任務を与えられ、死の直前まで政治的生命は続いていた。

▼原田藤一郎　日清戦争勃発の前年、一八九三年に清朝支配下の中国各地および、朝鮮半島、ロシア領極東地方、サハリンなどを旅行し、各地の経済活動や交通・通信状況などを詳細に紹介した。

『亜細亜大陸旅行日誌ならびに清・韓・露三国評論』の表紙と本文

るだけでなく、中国が開化に進んださいの日本の立場について、危機感をもっていたことがうかがわれる。

その一方で、岸田が危惧するような清国開化の可能性を否定する議論もあった。例えば、日清戦争直前の時期に実業家や商業者への情報提供を企図して、アジア各地の旅行体験をまとめた原田藤一郎《はらだとういちろう》▲『亜細亜大陸旅行日誌ならびに清・韓・露三国評論』(一八九四年)の「清国総論」には、「清国も人類進化の理によって日々に文明の域に赴く」だろうという議論は、「清国進化の事業は西人操縦の結果」であることを知らない誤った議論であって、「清人は将来の理を究めんより、むしろいにしえの聖賢の風に返らんとする」ような尚古の気風を改めることは、とうていありえないと述べる。

しかし、原田にとっても、清国が進化に向かわないこととその存在の大きさとは別であった。彼は、日清戦争前の時期の「日・清・韓三国同盟」論を批判して、つぎのようにいう。

予は寧ろ清国を対抗者として我が国進むるの勝れるを知る。何となれば清人は礼を知らず、義を知らず、況《いわ》んや国家あるを知らんや。彼れの知る者は金てふ一字あるのみ。

原田は、清国をわが国の仮想敵国として、わが国の進歩をはかるのが望ましい。なぜなら、清人は礼も義も知らず、まして国家の意義など知らない人びとであり、金銭にしか関心がない、同盟の相手ではない、と断じた。ここでは、中国は経済的利害のほかに関心をもたない存在とみなされており、そのような中国とは対極に立つことによって、日本の進歩の意義を強調しうることが示される。中国は同調すべき相手ではないが、しかし無視することはできない大きな存在であった。

中国への一種の恐怖という点では、岸田も原田も同様な地点に立っていたといえよう。こうした感覚は、明治になって、日中間の人や物の往来が頻繁になり、中国社会を実際に見る機会がふえたことによって、相互理解の可能性が生まれる一方で、現実の見聞に由来する違和感が増大した結果であったと考えられる。

それゆえ、明治日本人が同時代の中国社会にいだいた一種の恐怖感をともなう意識のゆえに、日清戦争はどうしても負けられない戦いであったともいえる。

▼甲申政変　一八八四年にソウルで発生したクーデタ未遂事件である。朝鮮の急進的開化派であった金玉均(キムオクキュン、一八五一〜九四)らは、日本軍の援助を受けながら、王妃閔(びん)氏の一族を排除して新しい政府を樹立し、内政改革を断行しようとした。これにたいして、袁世凱(えんせいがい)が率いる清朝の派遣軍が介入し、クーデタは失敗、指導者は日本に亡命した。金玉均は、一八七二年の科挙に首席で合格し、八一年に来日して慶應義塾の福沢の教えを受けた開化派のリーダーであった。彼はクーデタ失敗後日本に亡命し、各地を転々としていたが、一八九四年に上海に到着した直後、刺客に暗殺された。

すでに、朝鮮問題をめぐって、一八八四年の甲申《こうしん》政変▲において、清朝の軍事的・外交的な力の前に朝鮮の開化派クーデタが失敗したことは、福沢諭吉に多大な衝撃を与え、それが動機で「脱亜論」が書かれるという事情があったことに、あらためて注目したい。

日清戦争の緒戦で日本の連戦連勝が伝えられていた一八九四年秋、岸田吟香の事業を拡大した漢口楽善堂を拠点に、中国事情の探査と日本の商圏拡大の可能性を調べていた荒尾精《あらおせい》▲は『対清意見』を刊行し、自らの体験的知識をもとに、戦後情勢への提言を試みた。

荒尾の議論には、かならずしも激越なところはなく、むしろ日本の勝利を欧米列強がどのように利用するかを恐れる、ある種の現実感覚に特色がある。そのなかで、荒尾はもし日本が敗戦したらという仮定のもとに、いくつかの考えられる影響を列挙している。

一　清国は自来我を以て、琉球高麗《こうらい》一様の看をなしたりしに、意外にも我より戦を彼に宣して其の力を揣《はか》らず、果して中国天戈《てんか》の下に征服せられたりとして、軽侮《けいぶ》に加うるに怨恨《えんこん》を以てし、其《そ》の我に対する自尊驕傲《きょうごう》の念

▼荒尾精（一八五九〜九六）　明治の軍人で、大陸浪人の先駆者の一人に数えられる。愛知県の出身で、東京外国語学校を中退後、一八八二年に陸軍士官学校を卒業し、八六年、参謀本部から中国に派遣された。そのころ中国では、岸田吟香が上海に薬局「楽善堂」を経営しており、荒尾はその漢口支店を開いて、中国各地の商業や政治の情報収集をおこなった。一八九〇年には上海に「日清貿易研究所」を開いて日本から呼び寄せた人材の教育をおこない、日清戦争では通訳・諜報活動に貢献したとされる。日清戦争後、日本が植民地として獲得した台湾に渡り、経済開発をめざしたが、まもなく病死した。「東方斎」と号し、昭和初期には日本の東亜問題の先覚者と称された。

は、従来より甚しく、陸梁不遜《りくりょうふそん》忍ぶべからざるに至り、鷸蚌《いっぽう》の争《あらそい》遂に共に衰亡を速《まね》くに足《た》らん。

すなわち、荒尾は日清関係について、清国は従来わが国を琉球や朝鮮と同様にみなしてきたが、意外にもわが国から無謀な戦争をしかけ、天にかわる中国の軍事力に征服されたなら、清国は日本に軽蔑と怨恨の念をいだき、日本にたいする自尊と軽視はさらにはなはだしくなるだろう、そうすれば日清の対立はさらにひどくなり、共倒れとなるに違いない、という見解を述べている。

そうなれば、欧米列強は、わが国が清国の下風に立つのを見て、あいこぞって日本を軽視し、清国と友好関係を結んで、わが国をおろそかにするに違いない。そうなれば、

既往三十年間、我国官民が心力を尽して築成せる東洋の新文明も、頓《とみ》に光輝を失い、復《ま》た人の新日本を説くものなく、已に成れるの条約改正も、亦《また》其実行を見ること難からん。

という。すなわち、これまで三〇年にわたって「文明開化」を掲げ、わが国の官民が必死に努力して築いてきた「東洋の新文明」も、たちまちにして輝きを

●壬午事変（歌川周重「朝鮮済物浦〈さいもっぽ〉図」〈一八八二年〉）　壬午軍乱とか壬午政変などとも呼ばれる。一八八二年に朝鮮のソウルで発生した政変で、清朝が軍事的に政変を鎮圧し、大院君を保定に連行した。日本は朝鮮と済物浦条約を結んだ。朝鮮をめぐる日清両国の対立が深まるきっかけとなった。

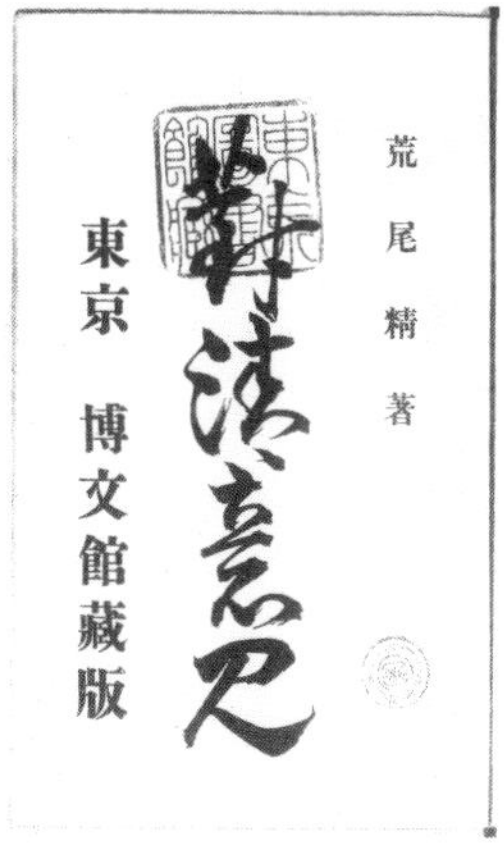

●荒尾精と『対清意見』の表紙

●岸田吟香が日本初の従軍記者として台湾出兵に随行したときの姿を掲載した錦絵新聞　岸田を台湾の住民が背負っている（『東京日日新聞』明治七年九月）。

失い、すでに達成されつつある条約改正の成果も、実際に効力を発揮しない恐れがある。このように、ようやく清国と対抗する立場を確保していた日本の自立が、根底から覆る恐れがいだかれていたのである。

③―近代日本の自意識とアジア

近代は「文明」と「野蛮」の逆転か――内藤湖南の議論

中国では、一九八〇年代にいわゆる「改革開放」政策を進めた。その時期の中国で、そのころの日本が経済の高度成長を達成し、国際的にも影響力を拡大しつつあったことに影響されて、日本の「近代化」の成功に着目する議論が続出し、日本に成功の秘訣を学ぼうとするような傾向さえ生じた。新中国の建国から文化大革命の時期まで、中国は日本を過去にアジアを侵略し、現状でもいずれ社会経済的なゆきづまりをむかえる資本主義国とみなしていただけに、日本の「近代化」にたいする突然の肯定的な言及は、今でも記憶に残っている。

日本の「近代化」の成功を取り上げるさいにしばしば想起されるのが、福沢《ふくざわ》諭吉《ゆきち》の「脱亜論」に代表されるような、いわゆるアジア的な伝統からの脱却という主張である。こういう主張とは正反対に、日本の近代が「大東亜戦争▲」の破局にいたったことを軸にして歴史を振り返る場合にも、日本の挫折の根源に「脱亜」の考え方があったことを重視し、それに対抗しうる別の可能性を秘め

▼大東亜戦争　アメリカとの戦争が始まった直後の一九四一年十二月十二日、内閣情報局は「今回のアメリカ・イギリスとの戦争は、「支那事変」(日中戦争)を含めて「大東亜戦争」と呼ぶ」という発表をおこなった。この用語には、「大東亜共栄圏」を建設するための戦争という意味が込められており、日本の戦争目的を明確に示したものということができる。ただ、東アジアから東南アジア、南アジア、オセアニアにまで広がる「大東亜共栄圏」の構想は、当該地域の人びとに共有されるにはいたらず、日本の敗戦に終わった。現在この戦争の呼び名としては、「アジア・太平洋戦争」「太平洋戦争」などとする場合が多い。

た流れとして、「興亜」ないし「連亜」の議論に光をあてるという考え方がある。孫文《そんぶん》▲の革命運動（五八頁参照）を終生支援した宮崎滔天《みやざきとうてん》▲の足跡は、アジアとの連帯に無私の情熱をそそいだ典型的な例として、ある種の象徴的な意義さえ与えられてきた。

こうした二つの対極的な流れを重視する観点は、近年では修正されてきているが、その過程でふたたび内藤湖南《ないとうこなん》（一一二頁参照）の独自の中国論にスポットライトがあてられるようになった。内藤は、東北、秋田の出身で清朝の考証学に造詣が深く、人生の前半は新聞記者として健筆をふるい、後半には学者として京都大学のいわゆる「支那学」の伝統を打ち立てた第一人者である。

内藤は、西洋文明の底の浅い新しさに対置して東洋文明の成熟を評価し、そのうえで中国の未来を日本のような「近代化」に求める考え方を批判した。こうした内藤の議論は中国社会を分析する視座としては、長期的な変動をとらえる有効な見方を提起したものであった。しかし、その独自の観点は現実の中国において展開しつつあったナショナリズムと国民国家建設への革命的な情熱の噴出にたいする過小評価につながり、ひいては日中両国関係のあり方について

▼孫文（一八六六～一九二五）　広東省の香山県に生まれ、兄に呼ばれてハワイで学び、香港で医者となった。日清戦争の時期に「興中会」をつくって革命運動を始め、一九〇五年には東京で「中国同盟会」を結成し、革命派の中心的な指導者となった。日本滞在中に使った「中山樵」などの仮名から、孫中山と称するようになった。現在、中国では本名の孫文よりも孫中山の呼び名がふつうである。また、故郷の香山県は、現在では中山市という。生涯革命のために奔走し、一九二五年、北京で「革命いまだならず」の言葉を遺して死去した。その前年に、日本に立ち寄り、神戸で「大アジア主義」をテーマとする講演会をおこなって、日本が西洋の「覇道」を棄てて東洋の「王道」にもどるように訴えた。

▼宮崎滔天（一八七一～一九二二）　熊本県出身の自由民権運動の活動家であったが、清末中国の革命運動の調査を外務省から委託されたことを契機に、中国革命、とくに孫文の革命運動の熱心な支援者となった。朝鮮改革派の指導者金玉均やフィリピン独立運動のアギナルドらとも親交

も重大な禍根を残すこととなったのではないかと思われる。

近年、内藤がはたした役割を再検討しようとする試みが活発におこなわれているが、そうしたなかでももっとも重要な仕事に、アメリカの東アジア近代史家J・A・フォーゲルによる内藤湖南研究がある。そこで、フォーゲルはつぎのように述べている。

> 湖南の日中文化同一論はさらに、日中両国がある意味で運命共同体であるという考えを導き出した。欧米諸国の帝国主義的侵略が東アジアで頂点に達したとき、多くの日本人は将来に対する恐怖心にとらわれ、日本と同じ状況に置かれていた中国への関心を強めた。欧米帝国主義はひとたび中国でその目的を達したならば、次は日本にその矛先を向けてくるのではないか。欧米諸国が東アジアにおける主要な脅威でなくなったときですら、湖南は日中両国の将来が密接に関連していることを信じて疑わなかった。このような湖南の見方が正しかったにもかかわらず、一九一〇年代から三〇年代はじめにかけて、日本は帝国主義的侵略の矛先を中国へ向けていき、それに対抗するナショナリズムが中国に沸き起こっていった。このような

があり、アジアの革命運動を支援したいわゆる「大陸浪人」の代表者である。その波瀾の半生は、自伝『三十三年之夢』にいきいきと描かれている。

孫文の同志と支援者たち　一九一一年末、香港。前列左から四人目が孫文、孫文の左後方が宮崎滔天。

政治的展開は湖南個人にとって大きな悲劇となった。その際、湖南が中国のナショナリズムを理解できなかったことは、中国文化に対するかれの深い敬愛と裏腹の関係にあったのである。（井上裕正訳『内藤湖南――ポリティックスとシノロジー』一八頁）

内藤湖南は中国文化にたいして「深い敬愛」の念をいだきながら、しかし、中国が日本と同様な国民国家に転換することを望まなかったようである。近代文明にたいする深い不信の念から、こうした考え方が生み出されたとも考えられる。ここに力点をおけば、内藤湖南の歴史的な役割を再評価する可能性が開けるであろう。しかし、現実の中国社会を見る彼のもう一つの視点にも注目せざるをえない。

内地雑居問題と中国への恐れ

それは、いわゆる「内地雑居」問題に関連して、明確にあらわれた。日本は幕末に欧米列強とのあいだに不平等条約を強制され、その改正の問題▲が明治期の大きな課題であった。清仏戦争から日清戦争にいたる時期、日本の国力が欧

宮崎滔天

▼不平等条約改正問題　清末の南京条約以降の諸条約や日本の幕末の安政五カ国条約などは、領事裁判権や関税権などの不平等条項を含んでおり、中国や日本において国家主権の問題が認識されるようになると、不平等条約の改正が政府の大きな政治課題となった。日本では、明治政府のたびかさなる条約改正交渉をへて、日清戦争時に法権を回復し、一九一一年に税権を回復した。中国でも、清末から中華民国の時期には利権回復が政治の大きなテーマとなり、不平等条約の改正や租界の撤廃がめざされた。日本は中華民国の要求に消極的だったが、日中戦争の末期には汪兆銘(おうちょうめい)政権の求めにこたえざるをえなくなった。

●――居留地返還祝賀会（大阪・川口）

●――「内地雑居風俗寿吾六」

米列強に一定の評価をえるようになると、条約改正の問題に関連して、外国人の内地雑居という問題をめぐる議論が沸騰《ふっとう》した。条約の相手国である欧米諸国の人びとの内地雑居問題が議論されただけでなく、とりわけ中国人・清国人の雑居に反対する激烈な議論が多数登場した。

ここにも、明治期の日本人のあいだに近隣の大国への深刻な違和感が存在したことをみてとることができよう。『時事新報』一八八四年二月二十日・二十一日号に掲載された福沢諭吉「内地雑居の喜憂」は、西洋人に内地を開くのは「文明国人」として当然のことだが、中国人には西洋人と同様の態度をとることはできないという。

抑《そもそ》もこの支那国は、その上流社会に於《おい》ては文物も随分盛んにして、且《かつ》富有の聞えあれども、下等社会は自から別類の人種にして、数百年来の習慣に、遠遊移住を物の屑ともせず、衣食の足る所は是《こ》れ吾が郷なりとて、其の国土を去ることは恰《あた》かも敝履《へいり》を脱するが如し。……之を雇うて使役するに若《し》かずとて、試みに之を実験すれば、汚穢を厭《いと》わず、賤役を辞せず、能く労役に耐えてあえて過酬を望まず、役夫として駆使に供するには恰かも誂《あつら》え向きにして……山巓《さんてん》水涯至る処として辮奴《べんど》を見ざることなきに至る可し。……我輩が内地雑居の一段に至りて、敢て西洋人の雑居を恐れず、却って支那人に辟易するも、畢竟此れが為故のみ。

福沢によれば、「支那国」は、その上流社会においては文物も盛んで豊かであるが、下等社会の人びとは別の種類の人種であって、数百年来にわたり各地を流浪することをいとわず、衣食の条件さえあればそこを住みかとし、国土を離れることなどなんとも思っていない。……彼らを雇って働かせれば、いかなる汚れた仕事でも引き受けるし、苛酷な労働にたえて労賃は安い、……こうして世界のいたるところに辮髪《べんぱつ》の労働者を見るにいたったのである。……私が内地雑居について、西洋人の雑居は問題とせず、かえって「支那人」について憂慮するのは、こういう理由があるからなのだ。

当時なお開港場の清商の外には多数の移住者を国内にむかえるような事態は発生していなかったにもかかわらず、機を見るに敏にして、危機感の旺盛な福沢は、あたかも同時期にさかんに広がっていた北米、カリフォルニアの華人移民排斥▲を思わせるような口調を駆使して、「辮奴」(辮髪をたくわえた苦力《クーリー》)、す

▼**華人移民排斥**　十九世紀の半ばには、中国から北米や中南米に移住する華僑・華人の数が急増した。鉄道建設工事や鉱山開発の労働者、都市のさまざまな業種、農業労働者などとして太平洋を渡った人びとは、勤勉で低廉な労働力として移住先の社会に受け入れられたが、人種的な摩擦が起こる場合もあり、アメリカ合衆国では一八八二年の移民法を皮切りに、中国人移民を制限したり排斥したりする法制度の改定が繰り返された。一九〇五年の華人移民制限法は、中国の世論に影響をおよぼし、上海ではアメリカに抗議する運動が発生した。

なわち中国人移住労働者の増加に警鐘を鳴らしたのである。

しかし、いわゆる「脱亜論者」の福沢がこうした議論を展開したことは、かならずしも意外なことではないが、「文明開化」への評価、中国の伝統文化への評価という点では、福沢とまったく異なる見解をもっていた内藤湖南も、同様な危機感を表明していたことは、やや意外に思われるであろう。内藤は日清戦争をへて、義和団《ぎわだん》事件▲が勃発する直前の時期に、『万朝報《よろずちょうほう》』一八九九年六月二十九日号に「支那人雑居問題」という激越な論説記事を載せている。

　支那人雑居の公許を主張する論者と雖《いえど》も、豈《あ》に世に不潔の意義を知らざる若《ごと》き、近世に謂ふ所の罪悪の意義を解せざる若き支那人と相比隣して、而《しこう》して快と為す者あらんや、……固《もと》より其の上流士人に在ては、理義を知り、礼貌を存するを以て、之と接して決して鄙賤《ひせん》すべきを覚えざる者あり、然《しか》れども是《こ》れ其の極めて少数なる者のみ、支那人に雑居を許せりとも此等上流人士の渡来、今日に加はらんことは、殆ど望なし、而して其の沛然《はいぜん》として侵入、防遏《ぼうあつ》すべからざるを患《うれ》ふる所の者は、則ちかの不潔と罪悪との濯ふべからざる浸染を受けたる下等種族のみ。

▼**義和団事件**　一九〇〇年、山東半島に起こった義和団が、北京にはいって外国公使館区域をかこむと、清朝政府は一時彼らの動きを公認し、列強はこれにたいして連合軍を派遣して戦争となった。日本は北清事変と呼んで大軍を派遣し、列強の仲間入りをしようとした。ロシアも満洲地域に大軍を送り込み、日露の対立が深まった。

内藤はいう。「支那人」の雑居を容認する論者も、清潔と不潔の問題を知らず近年の世界でなにが罪悪とされているかを認識しないような「支那人」と隣りあって住んでこころよしとする者はないだろう。……その上流社会の人びとは義理を知り礼儀を心得ていて彼らとの交際には蔑視の気持ちは起こらないが、しかしこういう人びとは極めて少数である。「支那人」の雑居を容認した場合、こうした上流人士が多数渡来することは考えられない。逆に続々と渡来する者は、前述のような不潔と罪悪に満ちた下等社会の人種のみであろう。

この論説では、内藤も福沢と同様に、中国社会を上層と下層に峻別する。内地雑居を許せば、内藤の予測では、上流人士が多数来日する可能性はありえず、「下等種族」の者たちが続々と渡ってきてとめようもなくなるであろう。

そしてさらに内藤はいう。

由来下等種族の支那人は、幼稚なる未開人にあらずして、……堕落民種なり、之をして蓬《よもぎ》の麻中に生ずるが若く、雑居の効によりて、其の矯正を求むべからずして、而して黴菌《ばいきん》の体中に寄するが若く、反て常に其の腐爛《ふらん》の原道たるを防閑せざるべからざるなり。

内藤によれば、そもそも下等社会の「支那人」は、決して幼稚な未開人というわけではなく、……歴史をへて堕落した結果生み出された人びとである。彼らを雑居させたとき、ヨモギがアサのなかに生えて矯正されるというような効果は望みがない。逆に黴菌が体をむしばむ病原体となるような作用を防がなければならないだろう、と述べる。

歴史的な由来から、下層社会の中国人は、「未開人」ではなく「堕落人」であって、彼らが日本社会にはいってきたならば、あたかも健康をむしばむ病原菌のような作用をはたすだろうとみているのである。

これらの議論ほど激烈ではないにせよ、中国からの来訪者に警戒心をもつ論調はめずらしくなかったが、内藤の論説が書かれたこの時期、清朝はようやく明治維新後の日本の変化に注目し、留学生が多数来日▲しはじめた。科挙《かきょ》にかわる出世の手段とみなされた当時の日本留学に応じたのは、決して下層社会の人びとではなく、むしろ上流人士であった。しかし、彼らをむかえる日本人の目に、内藤の論にみえるような視線が秘められていたとすれば、逆に彼らはどのように留学先の日本社会を観察することになるであろうか。

▼留学生来日　義和団事件の前後には、中国から日本への留学生派遣がめだつようになった。一九〇〇年代にはいって、留学生は急増し、留学先の日本で革命運動に参加する者も多かった。写真は女性革命家として名高い秋瑾（一八七五〜一九〇七）で、彼女は下田歌子の手引きで実践女学校に学んだ。

秋瑾

清末の日本留学の高潮が中国の歴史におよぼした影響は大きなものであったが、日中間の相互理解の促進にはかならずしも成果をあげず、むしろ留学経験を有する反日家をつくる場合が多かったとされる場合もある。そうした否定的評価に相応の理由があったことも、否定しえないといわなければならない。

日露戦争と近代日本の自意識

中国からの多数の留学生が来日し、孫文《そんぶん》らの革命運動の拠点も東京に築かれていた二十世紀初頭の時期、日本は朝鮮半島から中国東北(満洲)におよぶ地域での利益を帝政ロシアと争って、日露戦争▲を戦った。戦争は、極東に関心を深めていたアメリカ合衆国の仲介により、ポーツマスで講和条約が締結されて、日本の勝利ということになったが、この戦争、および戦争に勝ったということは、その後の日本の自意識に大きな影響を与え、また、日本人のアジア観にも大きな影響を残すこととなった。

戦勝後の日本では、欧米列強の一角を占める強国とみなされていたロシアに勝ったということから、明治維新以来の富国強兵政策の成功が再確認され、近

▼**日露戦争**　義和団事件後、満洲から撤兵しないロシアと、日英同盟を結び朝鮮半島から満洲に勢力を拡大したい日本との対立が深まり、一九〇四年、日本軍の奇襲によって戦端が開かれた。戦争は満洲地域、とくに遼東半島を戦場として陸軍の激戦がくりひろげられ、海上では翌一九〇五年に日本海海戦がおこなわれた。日本の戦争能力は限界に達し、ロシアも国内の革命運動で戦争継続が困難となり、アメリカ大統領セオドア・ローズヴェルトの仲介により、ポーツマスで講和条約が締結された。戦場となったのは清朝支配下の満洲であったが、清朝政府は「中立」政策をとり、戦後には、南満洲鉄道の創設など日本の勢力が大幅に進出することになった。

代化の成果を誇る風潮が横溢した。本書の冒頭に引いた、大隈重信《おおくましげのぶ》の『開国五十年史』には、そうした風潮が如実に反映している。同時に、この勝利は大隈が述べていたように、日本人に自らを他のアジア民族とは区別して考える意識を決定的に強めさせることとなったようである。

日露戦争は、朝鮮半島への支配圏をめぐって、ロシアと戦われ、戦場は中国東北であったにもかかわらず、こうした近隣諸国・諸地域への日本の軍事的な展開に疑問がもたれることはなく、むしろ、欧米列強の植民地主義に一矢《いっし》を報いた意義のみが一方的に強調される傾向が強かった。

この、欧米列強の植民地主義にたいするアジアの側からの反撃という一面については、日本以外のアジア諸国・諸地域にも衝撃がおよんでいて、明治日本の立憲帝政への移行の努力を評価したり、日本の近代化にモデルを求める動きを発生させる場合があった。フランスに植民地化されたベトナムでの「東游《ドンズー》運動」▲などは、そうした動きの典型であった。国土の一部が戦場となった清朝末期の中国においても、戦争の当時には、ロシアに対抗する日本に同情する議論が強く、国土が戦場となったことへの反発の動きは鈍かったのである。

▼**東游運動**　日露戦争は、その戦争の当時には、立憲帝政を採用する日本が専制的な帝政ロシアに挑戦して勝利をおさめたことが強調され、各地に日本の近代国家建設の成功に着目する動きがあらわれた。中国から日本への留学生の流れも、この時期が一つの頂点となる。ベトナムの知識人ファン・ボイ・チャウ（潘佩珠、一八六七〜一九四〇）はベトナムの青年を日本に留学させてフランスからの独立運動の人材を養成するため、二〇〇人あまりを日本に呼び寄せた。これを東游運動という。日本政府はフランス政府と協定を結び、数年後に彼らを国外追放とした。

●―**日本海海戦**　一九〇五年五月末、日本の連合艦隊がロシアのバルチック艦隊に大打撃を与えた。この勝利は日本の軍事力にかんする日本人の記憶に深く刻まれた。

●―**日露講和条約の調印**　日露戦争の講和条約はアメリカ大統領セオドア・ローズヴェルトの斡旋で、アメリカのポーツマス軍港で結ばれた。日本の全権は小村寿太郎、ロシアはウィッテ。

しかし、日本では、アジアの一員として欧米列強に対抗するという考え方は、むしろこの戦争をつうじていっそう弱まり、逆に、さきに大隈の言説にみたように、他のアジア諸民族と日本人を区別し、日本が列強の一角を占めることになったという点を強調する意識が強くなったのである。

日露戦争後、日本は朝鮮半島の植民地化の動きを一気に促進し、中国東北への進出も積極化させて、国際関係を緊張させるにいたる。こうした日本の帝国主義化の趨勢《すうせい》にたいして、それに反発したり、危惧したりする動きもみられたが、日本人の多くは、帝国日本の膨張を肯定的に受け入れ、近隣諸地域を植民地化することに大きな問題を見出さなかったようである。朝鮮や台湾を植民地支配しながら、欧米の植民地主義を批判するような論調は、どのような経緯で多くの日本人の共有するところとなったのであろうか。

④―「大アジア主義」の歴史的意味

中国の国家形成と日本

近代日本の言論界の推移とともに一世紀近い生涯を生きた徳富蘇峰《とくとみそほう》(二一九頁参照)は、最晩年の「大東亜戦争」敗戦後に、東京裁判の「自衛無罪主張派」弁護団の依頼で「宣誓供述書」を書いた。そのなかで蘇峰は、日本が敗戦にいたるまでの「自存自衛」の伝統的国策、ないしは「日本一流の負けじ魂」をやしなってきた「歴史の鍵」は、隣国に巨大な「支那」が存在し、精神的にも物質的にもその圧倒的な影響をこうむらざるをえなかったことにあると主張している。すなわち、中国の存在を前提にした自意識が、日本人の「国民性」を形成してきたというのである。このように、近代日本の存在証明にかかわる自意識は、大陸中国への恐れの感覚と密接に結びついていたのであった。

こうして蘇峰は、二〇〇〇年来の歴史によって形成された文明中国に対抗する「神国日本」の自尊心を提唱するとともに、この「負けじ魂」が、近代にはいってからは西洋文明の圧倒的な力に対抗する日本の「独自一己」の主張となったと説く。しかし、「大東亜戦争」敗戦の破局が示しているように、日本の自己主張は近代においては、かつてのように中国文明にたいして日本の一国を対置するかたちをとるのではなく、西洋文明にたいして日本を指導者とする「大東亜」ないしアジアを対置するというかたちをとることとなった点に注目しなければならない。

このような転換は、なぜ起こったのだろうか。

すでにみたように、明治期に興亜主義が議論されたころにも、伝統的な中国王朝の展開した地域秩序のあり方に対抗するかのように、日本では琉球の帰属や朝鮮の「独立」などの問題をめぐって、「万国公法」(国際法)にもとづく新たな地域秩序の形成を主張し、こうした問題をめぐる日中間の対立は日清戦争にまで発展した。

その後、清末から辛亥《しんがい》革命▲後の中華民国の時期にいたり、中国においても近代的な国民国家建設の趨勢《すうせい》が強まったが、同時代の日本は、こうした中国における国家建設にかならずしも協力的ではなかった。そうした事柄の要因としては、先述のような日露戦争後の日本の帝国主義化の問題が指摘されるであろう。

▼辛亥革命　一九一一年十月十日に武昌の新軍が反乱を起こしたことから始まった革命により、翌年一月一日、中華民国が成立し、中国は共和国となった。なお、清朝皇帝が帝位をおりたのは二月十二日であり、三月十日には孫文にかわって袁世凱が臨時大総統に就任した。当時日本では中国に共和政が導入されることを憂慮する声があり、また、新しい共和国が「中華民国」と称することをきらって、「支那共和国」と呼ぶような動きもあった。さらに、大陸浪人川島浪速や一部の軍人は、清朝皇族の宗社党などと結んで満蒙独立運動を画策した。

▼北一輝(一八八三〜一九三七、本名輝次郎)　新潟県の佐渡に成長し、一九〇五年上京して早稲田大学に学び、大著『国体論及び純正社会主義』を執筆。孫文らが東京で結成した中国同盟会に参加し、革命派の宋教仁や張継らと親交を結び、辛亥革命が始まると上海に渡って革命を支援した。一九一三年に袁世凱の刺客によって宋教仁が暗殺されると帰国し、『支那革命外史』など革命の意

義を否定する議論を展開した。その後、日本国家の改造運動に従事したが、一九三六年の二・二六事件後に逮捕され、翌年死刑となった。

それと同時に、中国の国家建設をどのように受け止めるか、という問題も深刻な課題であった。

辛亥革命が発生して、中国が共和国として再出発することになったとき、日本にはそれを好感せず、むしろ「大日本帝国」への脅威としてとらえるような議論が生まれ、さらに、革命に武装干渉して、革命政府とは別の地方政府を建てることまで画策されたが、こうした動きは、大きな隣人への恐怖に根ざすものでもあった。

辛亥革命の時期のアジア情勢について独自の展望をもち、革命とアジアの解放を結びつけようとした人物に、北一輝《きたいっき》▲がいる。北一輝は、「国家的覚醒」をへた革命中国がロシアと対抗し、日本はその間にイギリスと対抗してその勢力を「南支那」から駆逐するという、いわゆる「亜細亜モンロー主義」▲を唱えたことで知られる。これによって開かれる可能性に着目した北について、岡本幸治は「アジアの解放と日本の発展を両立させて、欧米が支配していた世界に新たな時代を築こうとした実践家」(「北一輝のアジア主義」岡本編著『近代日本のアジア観』所収)と評価し、彼は帝国主義的なアジア侵略を信奉した全体主義者

▼「亜細亜モンロー主義」　モンロー主義は、十九世紀初めにモンロー大統領が発表したアメリカ合衆国の外交方針で、西半球におけるアメリカの優越とヨーロッパ勢力の浸透阻止を主張したものであった。これにちなんで、満洲事変当時の日本では、アジアにおける日本の優越を主張する言論があらわれた。一九三四年に外務省情報部長天羽英二が発表したいわゆる「天羽声明」は、中国の欧米依存を非難し「東亜」における日本の覇権を強調するもので、「亜細亜モンロー主義」の典型的表現とされる。

ではなかったとみている。

文明的な視野において中国と日本の革命を展望した北の本領は検討に値する。しかし、現実の国際関係のなかでその構想がどのような意味をもっていたのか、簡単には決められないであろう。少なくとも、朝鮮や台湾を植民地として現に保有している帝国主義国家としての日本をどのように考えるのか、さらに中国をはじめとするアジア各地域のナショナリズムの胎動との関係をどのように考えるのか、課題は大きい。

野村浩一は、北一輝の議論に、アジアを植民地化する欧米的秩序への批判を読み取っている。野村によれば、内田良平《うちだりょうへい》▲や内藤湖南《ないとうこなん》などのようなアジア的価値の称揚者にしても、究極的にはこの欧米的秩序のなかに身を委ねており、また、吉野作造《よしのさくぞう》▲のような政治学者の場合には、この秩序の「道義」的な改造の可能性に倫理的な期待をいだいていたという。彼らに比較すれば、「北は、むしろこの秩序のもつ虚偽性・偽善性をある面から徹底的に剔抉《てっけつ》している」(『近代日本の中国認識――アジアへの航跡』八六頁)としつつ、野村はその「致命的な欠陥」として「北の最も基本的な範疇が国家民族主義――国家的覚醒《かくせい》にあると

▼内田良平(一八七四〜一九三七)
近代日本の右翼運動の代表的指導者とされる。福岡県の出身で玄洋社幹部らの影響下に少壮期から大陸への進出を志向し、一八九四年に朝鮮に東学農民戦争が起こると、天佑侠に参加して朝鮮に赴いた。その後、宮崎滔天らを介して孫文の革命運動を支援すると同時に、アジア主義と天皇崇拝を唱えて「黒竜会」を結成し、日露開戦を呼びかけた。一九〇五年の中国同盟会の結成には内田良平の斡旋が大きな役割をはたしている。朝鮮については日韓合邦運動の有力な推進者であり、中国問題においても熱心な満蒙独立論者であった。

▼吉野作造(一八七八〜一九三三)
吉野作造は、東京帝国大学法学部を卒業したのち、一九〇六年、まねかれて清末の中国に渡り、袁世凱家の家庭教師を務め、〇九年に帰国し、東京帝国大学助教授となった。『中央公論』を舞台につぎつぎと政治論文を発表し、民衆の利益を重視する「民本主義」を唱えて、大正デモクラシーの理論的な基礎をつくったとされる。日本の中国政策や中国問題についてもしばしば発言し、中国の

するならば、一体、「日支同盟」は、如何《いか》にして保証されるのか。むしろ、そこから結果するものは、究極的には同じく力の単位としての「日支両国」の衝突の可能性ではないの」か、という疑問を提起している。

アジアを植民地化してきた欧米帝国主義にたいする批判の鋭さと、アジア内での日本と近隣地域との協力の可能性という課題は、大川周明《おおかわしゅうめい》▲などの場合にも顕著であろう。近代西洋の植民地主義を激しく攻撃して「亜非亜復興」を唱えたことで知られる大川の場合、インド人革命家の目からは独立運動の一貫した理解者ともみえたが、中国人の目からみればやはり「侵略戦争の鼓吹者」であった。大川の議論には、朝鮮・台湾を植民地支配する大日本帝国の問題が稀薄であった。

ここにはやはり、自らの日本がアジアに属するのか、また、アジアのどこに属するのかという点で、日本人のアジア観には深刻な矛盾や分裂があったというべきであろう。その分裂がもたらした歴史のマイナスの遺産は、東アジア・東南アジア各地にみられる日本への鋭い批判的な視線として、現在まで残っていることからも明らかである。

反日的な民族主義運動に一定の理解を示した。朝鮮政策についても同化政策を批判する議論を提唱している。

▼**大川周明**（一八八六～一九五七）　東京帝国大学文学部でインド哲学を学び、イギリスの植民地インドの状況に関心を強め、欧米の植民地主義にたいして強い批判をするようになった。一九一八年、満鉄に入社し、ついで東亜経済調査局に勤務、また、北一輝らと親交を結んで「国家改造」をめざす政治団体を結成した。その後、北とは別に陸軍の一部の軍人らと提携して国家主義的な政治運動を展開し、五・一五事件では反乱罪で収監された。日中戦争から太平洋戦争の時期には日本精神称揚と欧米批判の言論をくりひろげ、敗戦後A級戦犯に指定されたが、東京裁判で精神障害を起こし免訴となった。

「東亜新秩序」「東亜連盟」「大東亜共栄圏」

自らをアジアに属するとは考えない傾向が根強かったにもかかわらず、近代の日本には、なぜアジアとの協同とかアジアの復興などのスローガンを掲げて、西洋文明への自己主張の足場とするような思潮が生まれ、膨張したのであろうか。

前にふれた『近代日本のアジア観』の序章で、岡本は近代において日本人が「アジアの日本」ではなく、「日本とアジア」という視角に傾斜したことにふれて、「中華文明圏」から相対的に自立していた近世以前の日本の歴史から説き起こし、近代日本の「アジア」にたいする独自性を強調する。そのうえで、近隣アジアとの協調と提携を模索した動きに再検討を加えたいという。

日本には歴史的にアジアにたいする独自性があったとするなら、そのような歴史を前提としながら、なおかつ日本が「アジアの日本」を提唱するとすれば、それは「東亜新秩序▲」や「東亜連盟▲」、さらには「大東亜共栄圏」といったもの以外にはありえなかったということになるのであろうか。日本から発言されたこのような議論に、アジアからの共感をえることは、過去にも現在にも、は

▼東亜新秩序　一九三七年に盧溝橋事件が起こり、日本は南京を陥落させたが戦争は長期化した。一九三八年一月、近衛文麿首相は第一次近衛声明を発して「国民政府を対手とせず」と述べ、中国側との交渉の余地を自ら閉ざした。これでは日本の戦争目的を説明しえなかったため、同年十一月、第二次声明を発し、「日・満・支(日本・満洲国・中華民国)三国」の提携による「東亜新秩序」の建設を提唱した。これは、欧米の植民地主義と共産主義を東アジアから駆逐して日本を中心に新たな地域秩序の形成を呼びかけて、戦争目的を合理化しようとしたもので、一九三六年に広田弘毅内閣が確認した「日満支ブロック」政策を受け継ぐものであった。

▼東亜連盟　関東軍の参謀として満洲事変を計画・発動した石原莞爾は、その後「満洲国」の産業開発と日満一体化を構想し、盧溝橋事件により日中戦争が勃発すると戦線の不拡大を唱えたが、陸軍の主流からははずされた。石原は、日中提携による戦争収拾と東アジア秩序の安定を企図し「新東亜建設」を推進する東

たして可能であろうか。

「大東亜戦争」が日本の敗戦によってまもなく終結しようとしていた一九四五年六月二十日、かつて講座派▲マルクス主義社会科学者のなかでも代表的な論客として知られていた平野義太郎は、『大アジア主義の歴史的基礎』と題する、本文四一〇ページの著書を河出書房より刊行した。初版発行部数は二〇〇〇部であったというが、戦争末期の当時の経済状況からすれば、やはり異例の大著というべきであろう。

本書は、明治維新の「大東亜諸民族」における意義について強調し、それを孫文《そんぶん》の革命運動の展開に即して敷衍《ふえん》する。さらに、孫文晩年の神戸におけるいわゆる「大亜洲主義」講演の論旨に着目して、それは日本と中国の共通課題としての「大アジア主義」の精髄を明らかにしたものであったとして称揚する。すなわち、「大アジア主義」にもとづく日中の協力を達成することが孫文の基本的な考えであったことを強調して、その点から、日中戦争の時期の中国の抗日ナショナリズムを批判するのである。孫文を中心とした中国革命について、このような歴史的な回顧をおこなうと同時に、本書の大きな部分を占めるのは、

亜連盟運動を提唱し、一九三九年、東亜連盟協会を結成した。しかし、石原と対立していた東条陸相(のち首相)に活動を制約され、さらに日本が敗戦すると、解散した。

▼講座派　一九二〇年代から三〇年代にかけて、日本の社会経済学界にはマルクス主義的な傾向をもった学者が多く、彼らのあいだで日本資本主義の特質をめぐって論争が起こった。なかでも一九三二年に刊行された『日本資本主義発達史講座』には、明治維新は絶対主義の成立を意味すると説き、ブルジョワ革命をへてから社会主義革命への転化を重視するいわゆる「二段階革命論」を主張する人びとが編集・執筆に参加し、彼らは「講座派」と呼ばれた。これにたいして明治維新をブルジョワ革命と考え、ただちに社会主義革命を進めるよう主張した人びとは、雑誌『労農』にちなんで「労農派」と呼ばれた。

▼**竹内好**（一九一〇～七七）　中国近代文学、とくに魯迅の紹介者・研究者として知られる竹内好は、東京帝国大学文学部の「支那文学科」で学んだのち、一九三三年に武田泰淳や岡崎俊夫らと「中国文学研究会」を組織し、独自の立場から中華民国期の中国文化・文学の研究を進めようとした。日中戦争期には、一時北京に滞在し、戦後は「中国の会」を主催し、雑誌『中国』を発行して、日本政府が中国との国交をもたない状態を批判しつづけた。明治以来の日本の近代化と中国革命の関連を分析する竹内の議論は、多くの同時代人に大きな衝撃を与えた。

平野も参画した「満洲」や華北・華中の日本軍占領地における農村慣行調査に依拠した中国農村の社会構造についての詳細な分析である。とりわけ、中国農村に存在したとされる共同体的な性格について、実証的な研究成果が強調されている。

さらに、本書のなかでは、ヴォルテール、ケネー、モンテスキューなどフランスの啓蒙思想家や近代経済学者アダム・スミスなど、西洋近代の代表的な思想家、社会科学者による中国論、中国社会論の系統的な紹介にかなりのページ数を割り振られていることに注目させられる。ある意味で、本書は戦前の日本における中国社会を対象とした「学術的」な社会科学的研究の成果の集大成ともいうべき内容を備えているのである。その方法が西洋の近代社会科学の方法に由来することは、いうまでもない。

竹内好《たけうちよしみ》▲は「日本のアジア主義」という解説論文を書いたさいに、「自称アジア主義の非思想性」という節を設け、平野が称揚したような「大東亜共栄圏」の構想には思想的な内容がないと論じた。竹内によれば、それは「ある意味でアジア主義の帰結点であったが、別の意味ではアジア主義からの逸脱、または偏向である」（竹内『日本とアジア』二九四頁）という。

そして竹内は、そのような歪曲されたアジア主義のもっとも端的な実例として平野の『大アジア主義の歴史的基礎』の存在を指摘し、「そもそも思想とか学問とかの名に価しない」（二九九頁）と断じ、「こういう自称大アジア主義は、それが思想の名に価せぬものであるから、我々の遺産目録にかかげるわけにはいかない」（三〇一頁）と宣告した。

戦争末期の現実の日中関係の展開と本書の構想とを対比したとき、本書が現実にたいする社会科学の敗北宣言以外のものでないことは、竹内好の厳しい批判を待つまでもなく、明らかなことであろう。ただ、高橋勇治の議論（「三民主義に対する梁啓超の反駁」『東亜問題』一九四三年三月号）などを踏まえて、孫文の三民主義にたいする梁啓超《りょうけいちょう》の批判を取り上げ、「近代思想に対する真実の理解という点では、孫文は到底、梁啓超の敵ではなかった」（平野『大アジア主義の歴史的基礎』五八頁）と述べたところは興味深い。平野によれば、孫文は政治的には梁啓超にまさっていたが、近代思想の理解という点ではおよばなかったというのである。民権主義について、自治の訓練や政治常識の普及を説く「梁

▼**郷紳**　明清時代の中国では、科挙に合格して官僚となることが、社会的な地位をえるいちばんの道であった。彼らは退官したのちにも郷里の有力者として重視された。清末から民国初期の時期にも郷紳は地方の社会秩序の担い手であった。

の学説は今一度省みる必要がある」(五八頁)という。

さらに、平野は、中国の地方社会に占める郷紳《きょうしん》▲の問題を議論するなかで、清末に江蘇省南通の経済・社会開発を推進した張謇《ちょうけん》に着目して、「郷紳の特色は、第一に、地方の民心を把握することである。郷紳が民心を把握するには、まず治水と社倉及び小学校を建て民生と教化とを謀ることからである。……第二に郷村の平和と自治とは、漢民族の生活基礎である。……郷村の保衛は郷紳の任務であるから、張謇は「通海団練」(通州の地方自衛団)を組織している」(一一一〜一一三頁)などと述べているところは、興味深い内容である。本書の冒頭部分(四頁参照)でふれたように、張謇は自らの地域開発に資するために、大阪の博覧会を見学し、北海道にまで足を伸ばして地方農村地帯における初等教育普及の状況を調査したことがあった。

このように、張謇などの例に照らしながら、中国社会の秩序形成の特質についての分析をかさねたのち、しかし、平野は孫文の考え方が欧米の議論とは違うことを指摘し、大アジア主義にもとづく世界大同の議論であるということを強調するのである。「東洋的郷党」「共同体原理」などの概念が用いられ、結局のところは、「孫文主義が民族国家主義であって、まだ広域主義に徹底していなかったことは確かであるが、それは時代的制約に基づき、しかも、その東洋的共同体観は充分に大アジア主義を媒介として大東亜大同主義、更に日本の唱導する大東亜共栄圏へ発展する原理をもつ」(一一七頁)という議論にいたるのである。孫文主義を徹底させて広域主義に発展させたものが大東亜共栄圏だとされる。このような「発展」は、孫文とは関わりのないものであった。

たしかに孫文には、独自のアジア主義的な傾向が認められるが、竹内の論断を待つまでもなく、孫文主義を大東亜共栄圏に直結するような平野の議論は、大半の孫文後継者たちからは共感をえられないものであった。むしろ逆に、日中戦争の時期に、孫文のもっとも有力な後継者の一人であった汪兆銘《おうちょうめい》▲を日本の協力者に仕立て上げたことなどは、その後に孫文のアジア主義についての歴史的な評価を検討するさいに、極めて解決の困難な歪みをもたらしたことに留意しなければならない。

なお、付言すれば、竹内の平野批判には、戦後に平野が「左翼的」な平和主義者として復権してしまっていることへの違和感や反発に、直接の動機の一部

▼**汪兆銘**(一八八五〜一九四四) 日本では汪兆銘がふつうだが、中国では字の汪精衛で表記されることが多い。清末に日本に留学して中国同盟会に加わり、孫文の有力な協力者となった。孫文の死後は、国民党左派の指導者として活動し、しばしば蒋介石と対立した。一九三八年の第二次近衛声明が東亜新秩序を提唱すると、日本陸軍の働きかけに応じて重慶からハノイに脱出し、「更生新支那」の首班として、四〇年、南京に独自の「中華民国政府」を組織した。しかし、これは日本軍の支配下に成立した傀儡(かいらい)政権であり、汪兆銘は対日協力の重圧のなかで発病し、一九四四年、治療のために移された名古屋の病院で死亡した。

があったように思われる。こうした問題については、戦前から戦後へとつながる日本の学術研究のあり方の問題として、さらに学術研究と政治的権力の関係にかかわる事柄として、繰り返して検討を加えられるべき課題であろう。

いずれにしても、日露戦争からアジア・太平洋戦争にいたる二十世紀前半をとおしての日本の戦争について、これを西洋列強に対抗してアジアから発せられた反植民地主義の試みとする考え方は、すでに戦争の当時に主張されただけでなく、近年にいたっても、二十世紀の日本の戦争を正当化する議論として、繰り返しあらわれることがある。しかし、その戦争は、自らの近隣地域を植民地支配していた日本が、さらにその周辺のアジア地域に軍事力を展開して、まさにアジアを戦争に巻き込みつつ敢行したものであって、それを「アジア解放」の試みとみなすことは、極めて困難な、得手勝手なものといわざるをえないのではないか。このことについて、さらに考えを進めてみたい。

アジアからみた「大アジア主義」――「大東亜戦争」とアジアの「解放」

日露戦争が発生した時期に、戦場となった「満洲」の土地を民族と王朝発祥

大連の満鉄本社

の聖地とする清朝支配下の中国では、戦争による深刻な被害が予想されるにもかかわらず、日本の勝利を望む議論が強かった。清朝政府の姿勢は、日露の戦争にたいして「中立」を守るということであったが、ロシアの勝利はロシアによる「満洲」独占をもたらすであろうが、日本の勝利は日本の「独占」にはつながらないだろう、という見とおしが強かったのである。

たしかに、当時の日本には、戦勝後の「満洲」を独占する力はなく、日本の側から主張される議論にも、「満洲」の国際管理を検討するものが多かった。しかし、戦勝後に、日本は朝鮮の植民地化を急進展させるとともに、「満洲」についての主張も、国際管理の方向ではなく、大日本帝国にとっての「生命線」として、独占の方向をめざすものへと急変していった。

辛亥革命にさいし、日本が共和政の「中華民国」の誕生を好感せず、「民国」による全土の統一を妨げるような動きを繰り返したことは、中国側に、日本の対中政策を前提にしたナショナリズムの高揚をもたらすことになった。このような中国側の動きについて、同時代に日本では、日本を中心にした東アジアの新しい秩序を模索するかたちで対抗しようとした。

中華民国が国民国家としての統一政策を進展させることには、極めて消極的に対応するとともに、日露戦争以降に勢力を伸張させた「満洲」地方にたいしては、東部モンゴル地域と連結させて、日本の「満蒙《まんもう》特殊権益▲」を強調する議論を繰り返して展開した。このような、中国の統一から「満蒙」を分離しようとする政策は、世界恐慌以後に決定的な段階をむかえ、一九三一年の満洲事変をへて、「満洲国▲」の成立へといたる。

明治初年以来、日本では中国王朝を中心にした歴史上の地域秩序を否定するかたちで、自国の独立をはかるとともに、欧米の植民地主義への対抗的な位置をアジアへの関心に向けていた。一八八〇年代の興亜会などの活動にみられる「興亜主義」の考え方や活動の中身には、従属的な位置にあるアジアへの自覚の呼びかけと同時に、すでに中国にとってかわるべき日本の中心的な役割への強調が明確であった。その後、日本からアジアへの自覚の呼びかけにはさまざまな変化があったものの、中国において国民国家建設の可能性が現実のものとなった二十世紀の前半にいたると、日本の立場は苦しくならざるをえなかったと考えられる。

▼満蒙特殊権益　日本は日露戦争後のポーツマス条約で関東州の租借地や東清鉄道の経営権を獲得した。関東州は遼東半島の旅順・大連地域で、ロシアが租借していたところであった。東清鉄道はロシアが中国東北地方に建設したもので、日本はハルビン・旅順間の南部支線を譲り受け、南満洲鉄道株式会社を創業した。なお満洲事変後、東清鉄道は「満洲国」に売却された。こうした関東州と満鉄を基軸にして、日本は南満洲および東部内モンゴル地域に排他的な権益を設定し、これを維持拡張することを国策として推進し、国際社会にも承認させようとした。

▼満洲国　満洲事変ののち、関東軍によってつくられた傀儡国家である。一九三二年、清朝の最後の皇帝であった溥儀（ふぎ）をむかえて執政とし、吉林省の長春に「新京」という首都を建設した。日本は「日満議定書」を結んで国家として承認したが、関東軍司令官が実質的な支配権力であった。一九三四年には帝政を敷き溥儀は皇帝となった。民衆統合組織として「満洲国協和会」がつくられ、「王道楽土」「五族協和」が唱

満洲国建国記念式典　最前列中央が満洲国執政の溥儀、その左が関東軍司令官・陸軍中将の本庄繁、その左が満鉄総裁の内田康哉。

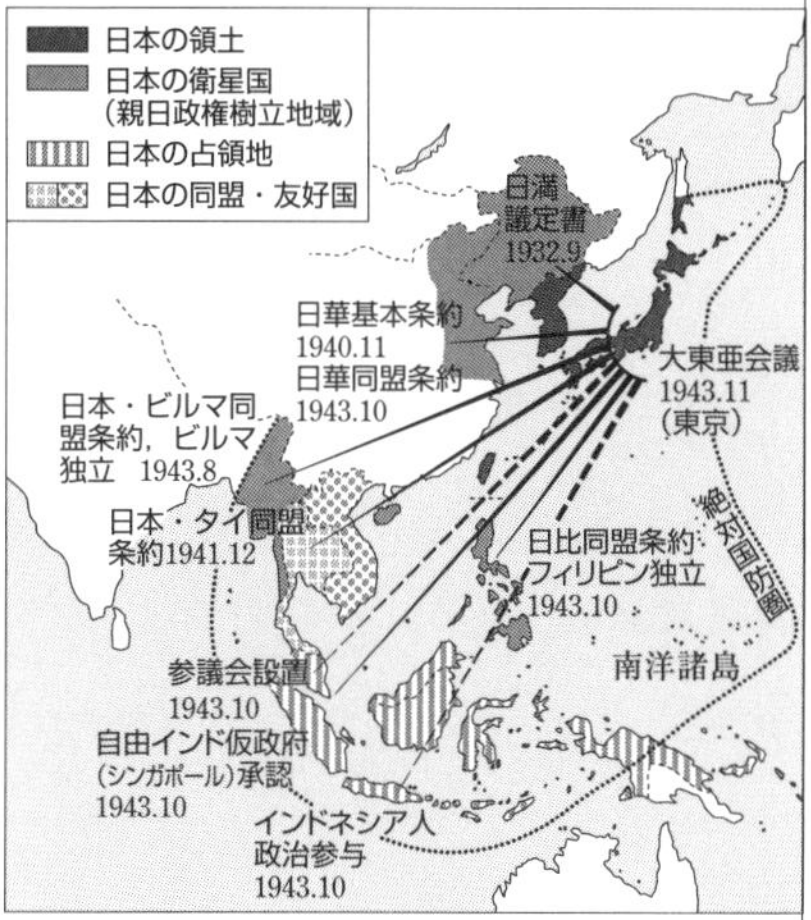

「大東亜共栄圏」関係図　大東亜共栄圏の中身は、日本の植民地、日本の傀儡国家、日本軍の占領地などの集合体であって、日本以外に「共栄」の主体はなかった。

日本軍の南京入城式　一九三七年十二月、日本軍は南京を攻略し、中華民国の首都を占領した。この戦闘において「南京事件」「南京大虐殺」などと呼ばれる多数の非戦闘員の殺害事件が発生した。

えられたが、経済統制や労働力の動員など、日本の戦時統制経済と総力戦体制への協力と貢献が求められた。

▼南洋　マリアナ諸島、マーシャル諸島、カロリン諸島、マレー半島近辺など、第一次世界大戦後に日本が委任統治や軍事占領などによって支配した領域。海軍基地がつくられ、植民と開発も試みられて「南進」の基地となった。太平洋戦争末期には、サイパン、テニアン、硫黄島などで壊滅的な敗北が続いた。

もっとも近隣に位置する朝鮮半島や台湾を植民地として支配し、さらに歴史上もっとも重大な関係を長期間にわたって結びつづけてきた中国において進行する大規模な再統一の可能性にたいして、「満蒙」分離政策に代表される深刻な干渉をおこないながら、同時に、近代の欧米列強が主導権を握って形成してきた国際秩序に挑戦するためには、その秩序において従属的な位置にあまんじてきたアジア地域との「連帯」と「協同」を構想し、そのための呼びかけをおこなわざるをえなかったのである。こうして日本の動向は、解きがたい矛盾を肥大させつつあったと考えざるをえない。

「満洲国」の建国後、日本ではこれを中華民国など列国に承認させようとする努力がなされるとともに、中国大陸から南方に関心を移して、「南洋」▲諸地域・東南アジアから南アジア・インドへと、日本の影響力の拡大をはかる企てがめだつようになった。いわゆる「南進論」の高まりである。

最近刊行された編著の序章において、松浦正孝は、世界大恐慌や満洲事変の結果、「一九三〇年代以降のアジア主義は、明治期のアジア主義とは異なり、東南アジア・南アジア・西アジアをも含む汎アジア主義の色彩を強く持つと同時に、反西洋及び反中華帝国の性格をあわせ」(『昭和・アジア主義の実像』三頁)と述べ、アジア主義は反英と南進に重点をおくようになった、と指摘している。

こうした方向転換が避けられなかったのは、「満洲国」をもってしても、世界恐慌後の日本経済は支えきれず、さらに中国市場の独占をはかっても、中国政府の抵抗は強靱であり、局面の打開を模索するためには、日本列島からさらに遠く離れた「南洋」や「回教圏▲」に可能性を探らざるをえないという、一種の追いつめられた事情があったものと思われる。いずれにせよ、一九三〇年代の日本では中国南部・ベトナム・南洋諸島からインドへと、アジア主義的な呼びかけが強められることとなったのである。

では、このような日本からのアジア協同の呼びかけは、アジアの側からはどのように受け止められたのであろうか。松浦正孝は前掲編著のなかで、当時の日本からの呼びかけは、第一に、天皇をいただく日本が盟主となった政治経済の再編をめざし、第二に、中国の地方勢力と連合して統一の進展に干渉し、第三に、東洋文化を標榜して西洋の植民地主義をアジアから駆逐しようとしたものであったと述べている(同書、一七頁)。

▼回教圏　日中戦争の時期に、中国のイスラム教徒への関心をさらに広げてイスラム教徒の住む西方のイスラム圏を調査・研究対象とする動きが生まれた。なかでも、大久保幸次所長のもとに一九三八年五月に創立された「回教圏研究所」は、機関誌『回教圏』を発行し、研究部には野原四郎・蒲生礼一・幼方直吉・竹内好などの人びとが名を連ねていた。

アジア・太平洋戦争の時期に、日本は占領した各地に精力的に神道の神社を建設し、占領地の住民にはるかに東京の皇居にいる天皇を遥拝するよう強制したことが知られている。欧米列強の帝国主義勢力が一時的に日本軍によって排除されたにせよ、その後におとずれたのはいっそう特殊な日本的な「文化」の強制であったのである。

また、シンガポール占領時の膨大な犠牲者にみられるように、日本は東南アジアの華人系住民に多大な犠牲をしい、彼らの反感を増大させた。はじめ日本は華人系住民を中国政府の影響力から切り離し、日本の側につけることをねらっていたが、そのねらいは成功しなかったのである。インドやビルマ（現ミャンマー）の反英民族主義についても、日本はそれを日本に有利な方向で利用することを模索したが、協同関係をつくるにはとうていいたらなかった。

歴史の重荷と二十一世紀の可能性の模索

二十一世紀が始まったばかりの数年のあいだ、日本と中国とのあいだの政府間の関係は、著しく悪化した。日本の内閣が中国政府のきらう「靖国参拝」の問題に執着したからであったが、関係の冷却は中国ほどではないにせよ、東アジア・東南アジアの各国とのあいだに波及し、憂慮する声が内外から聞かれるにいたった。内閣の交代により、事態は大きく動き、危機的な状況は避けられたが、この間のいきさつは、われわれにさまざまなことを考えさせるものであった。

「靖国参拝」の問題は、日本人のなかに、日本人独自の方法で歴史を追憶したいという考え方が根強く存在していることを示している。しかし、近代日本の歴史は、とりわけ二十世紀の歴史は、日本とその近隣諸地域との関係なしには存在しえないものであった。しかもその関係は、現在にいたっても、近隣諸地域の側からは、日本の禍害と自らの被害というかたちで記憶される関係であり、このことを閑却《かんきゃく》して歴史を追憶することはありえない事柄なのである。

こうした問題とともに、別の重大な変化が進行しつつあることに留意しなければならない。二十世紀は、社会主義を標榜した革命の世紀であったが、世紀末期にいたって、社会主義陣営は急速に崩壊し、場合によっては大きく変貌した。中国は北朝鮮（朝鮮民主主義人民共和国）やベトナムとともに社会主義国でありつづけているが、経済活動のあり方は激変し、世界経済と密接に結びついた市場原理の支配する国となった。のみならず、市場化した中国経済は、まさに世界の工場として、巨大な活動力と存在感を示すものへと一変した。

社会主義陣営がまだ存在していたころ、中国はソ連に対抗して、「第三世界」論を唱え、米ソ超大国に対抗する政治的な立場を主張したが、国際経済に占める実際の経済的な力は弱小であり、自ら途上国の代表であることを実証していた。しかし、一九九〇年代以降の急激な経済成長により、現在の中国は、なおしばしば途上国としての立場に言及することがあるにせよ、もはやまったく様相を一変させたといってよい。自動車市場としての中国市場をみても、アメリカにつぐ世界二位の規模に達している。

十九世紀に始まる近代から最近の時期にいたるまで、日本は、アジアにおいては他に先駆けて近代化を達成してきたといってよい。事実の問題として、近代化達成の時期に前後関係があったことは確かであろう。しかし、近代の日本は、このことからさらに観念を膨らませて、日本の先進と、日本以外のアジア諸地域の後進という、ぬきがたい先入観を形成してきたようである。

とくに中国は、その存在が歴史的に巨大であり、近代に従属的な位置におかれてもなお巨大な存在感を有していただけに、近代の日本人にとっては一種のこえがたい圧迫感をもたらす存在でありつづけた。そのため、近代の日本人のあいだには、中国をできるだけ小さなものにしたいという願いがぬきがたくしみついていたようである。それゆえ、しばしば政治的に中国を分割する策謀がめぐらされた。

二十世紀の後半には、日本は戦争に敗北し、戦前のように軍事的に東アジアの共同体をつくるべく動くということはなくなった。アメリカの核の傘のもとでのこととはいえ、半世紀以上にわたって「平和国家」としての姿勢を維持しつづけていることは、評価されるべきであろう。しかし、他方では、比較的早いペースで戦後復興から高度成長の道を歩んだことによって、近代以来のアジア諸地域にたいする先進・後進の意識を大きく変えることなく、二十一世紀の今日まできてしまったようである。ごく最近になって、こうした「優位」の先入観が大きな曲り角にきていることについて、あらためて認識をしなおす必要に迫られている。

▼地域共同体　ヨーロッパにEUのような地域共同体が成立していることに刺激された、アジアにも地域共同体を模索する動きが最近活発である。中国が関心をいだくものだけでも、東アジア共同体の模索、中央アジア・ロシアとの地域協力、ASEANへの積極的な関わりなど多様な動きがある。

こうした日本とは逆に、中国は世界の工場としての経済力と、いったんは中国革命の陰で否定されたかに思われた歴史の長さとその独自な性格を背景に、急速に新たな存在感を獲得し、発言力を強めつつある。なお中国共産党の圧倒的な権威のもとで社会主義を標榜する政治体制を保ちながら、経済的には徹底した市場経済を推進する姿は、鮮烈である。周囲に違和感と警戒心を呼び起こすことも少なくないものの、現実の国際関係のなかに示される中国の重要性は、中国革命後の「新中国」の時期よりも、はるかに大きくなってきているのではないかと思われる。

そして、近年では、東アジア・東南アジア諸国の経済的・政治的な結びつきの強化を模索する動きがめだつようになり、さらに中国がそのような新たな地域共同体▲の結成を呼びかけ、きたるべき将来に新たな中心的な役割を演じることを予測させるような可能性も強くなってきている。日本では、こうした巨大な「社会主義」中国をやや敬遠して、「民主主義国家」であるインドにパートナーを求めようとする議論や、オセアニア諸国を含む広義のアジア地域を協同の場として設定し、それによって逆に巨大な中国の存在感を相対化しようとする議論など、近年のアジア地域をめぐる議論は多様化してきている。

こうした動向を私たちはどのように受け止め、新たな地域的な秩序をつくりだしていくのか。こうした大きな変化の波にどのように対応していくのか、日本の真価が問われるところである。また、それゆえに私たち自身の考え方にも転換を迫る事情が進展しているのではないか。いずれにしても、「先進の日本」が他の「後進のアジア」を指導し、リードするという幕末・明治期以来の「近代」の日本人の思いは、そろそろ使用済みとなりつつあるように思われる。

年 表

西暦	和暦	中国暦	大韓帝国暦	満洲国暦	事　項
1840	天保11	道光20			アヘン戦争が起こる。
1842	13	22			清，イギリスと南京条約を結ぶ。
1851	嘉永 4	咸豊元			太平天国の洪秀全が天王に即位する。
1853	6	3			アメリカのペリーが浦賀に来航する。
1854	安政元	4			ペリー再度来航し日米和親条約を結ぶ。
1856	3	6			アロー戦争(第二次アヘン戦争)が起こる。
1868	明治元	同治 7			明治と改元し首都を東京に移す(明治維新)。
1871	4	10			日清修好条規が結ばれる。
1874	7	13			日本，台湾出兵を敢行する。
1876	9	光緒 2			日朝修好条規が結ばれる。
1882	15	8			朝鮮で壬午事変が起こる。
1884	17	10			清仏戦争が起こる。朝鮮で甲申政変が起こる。
1885	18	11			福沢諭吉，「脱亜論」を発表する。
1890	23	16			「教育勅語」が発布される。
1894	27	20			朝鮮で甲午農民戦争が起こる。日清戦争が起こる。
1895	28	21			下関条約が結ばれる。
1897	30	23	光武元		朝鮮，国号を大韓帝国と改める。
1898	31	24	2		中国で戊戌の変法がおこなわれる。日本で「東亜同文会」が成立する。
1900	33	26	4		義和団事件が起こり，日本は出兵する(北清事変)。
1904	37	30	8		日露戦争が起こる。第一次日韓協約が結ばれる。
1905	38	31	9		ポーツマス条約が結ばれる。東京で「中国同盟会」が結成される。
1909	42	宣統元	隆熙 3		伊藤博文がハルビンで安重根に暗殺される。
1910	43	2	4		日韓併合がおこなわれる。
1911	44	3			中国で辛亥革命が起こる。
1912	大正元	民国元			中華民国が建国される。
1914	3	3			第一次世界大戦が始まる。
1915	4	4			袁世凱政府に対華二十一カ条要求をおこなう。
1917	6	6			ロシア革命が起こる。
1919	8	8			朝鮮で三・一独立運動が起こる。中国で五・四運動が起こる。
1924	13	13			中国で第一次国共合作が成立する。
1927	昭和 2	16			山東出兵がおこなわれる。
1928	3	17			張作霖爆殺事件が起こる。
1929	4	18			世界恐慌が起こる。
1931	6	20			満洲事変が起こる。
1932	7	21		大同元	「満洲国」の建国が宣言される。
1937	12	26		康徳 4	盧溝橋事件が起こり日中戦争が始まる。
1938	13	27		5	近衛首相が「東亜新秩序」を提唱する。
1940	15	29		7	日本軍の北部仏印進駐がおこなわれる。汪兆銘政権が樹立される。
1941	16	30		8	真珠湾攻撃がおこなわれ太平洋戦争が始まる。日本は「大東亜共栄圏」建設を戦争目的とする。
1943	18	32		10	大東亜会議がおこなわれる。
1945	20	34		12	日本，ポツダム宣言を受諾して敗戦。

参考文献

浅河貫一（由良君美校訂・解説）『日本の禍機』（講談社学術文庫）講談社　一九八七年
伊東昭雄『アジアと近代日本――反侵略の思想と運動』（思想の海へ11）社会評論社　一九九〇年
鵜飼新一『朝野新聞の研究』みすず書房　一九八五年
海野弘『陰謀と幻想の大アジア』平凡社　二〇〇五年
大川周明『復興亜細亜の諸問題』（中公文庫）中央公論社　一九九三年
岡部達味『日中関係の過去と将来――誤解を超えて』（岩波現代文庫）岩波書店　二〇〇六年
岡本幸治編著『近代日本のアジア観』ミネルヴァ書房　一九九八年
加藤祐三編『近代日本と東アジア――国際交流再考』筑摩書房　一九九五年
姜徳相編著『カラー版　錦絵の中の朝鮮と中国――幕末・明治の日本人のまなざし』岩波書店　二〇〇七年
栗田尚弥『上海東亜同文書院――日中を架けんとした男たち』新人物往来社　一九九三年
高蘭『アジア主義における脱亜論――明治外交思想の虚像と実像』明徳出版社　二〇〇七年
呉懐中『大川周明と近代中国――日中関係の在り方をめぐる認識と行動』日本僑報社　二〇〇七年
小島晋治・大里浩秋・並木頼寿編『二〇世紀の中国研究――その遺産をどう生かすか』研文出版　二〇〇一年
後藤乾一『近代日本と東南アジア――南進の「衝撃」と「遺産」』岩波書店　一九九五年
駒込武『植民地帝国日本の文化統合』岩波書店　一九九七年

子安宣邦『「アジア」はどう語られてきたか——近代日本のオリエンタリズム』藤原書店　二〇〇三年
坂元ひろ子『中国民族主義の神話——人種・身体・ジェンダー』岩波書店　二〇〇四年
杉浦正『岸田吟香——資料から見たその一生』汲古書院　一九九八年
鈴木正崇編『東アジアの近代と日本』慶應義塾大学出版会　二〇〇七年
孫歌『アジアを語ることのジレンマ——地の共同空間を求めて』岩波書店　二〇〇二年
孫歌・白永瑞・陳光興編『ポスト〈東アジア〉』（思想読本12）作品社　二〇〇六年
滝沢誠『評伝内田良平』大和書房　一九七六年
竹内実『日本人にとっての中国像』春秋社　一九六六年
竹内好編『アジア主義』（現代日本思想体系第九巻）筑摩書房　一九六三年
竹内好『日本とアジア』（ちくま学芸文庫）筑摩書房　一九九三年
趙軍『大アジア主義と中国』亜紀書房　一九九七年
陶徳民『明治の漢学者と中国——安繹・天囚・湖南の外交論策』関西大学出版部　二〇〇七年
内藤湖南研究会編『内藤湖南の世界——アジア再生の思想』河合文化教育研究所　二〇〇一年
中村義『白岩龍平日記——アジア主義実業家の生涯』研文出版　一九九九年
野村浩一『近代日本の中国認識——アジアへの航跡』研文出版　一九八一年
平野義太郎『大アジア主義の歴史的基礎』河出書房　一九四五年
J・A・フォーゲル（井上裕正訳）『内藤湖南——ポリティックスとシノロジー』平凡社　一九八九年

藤井昇三『孫文の研究——とくに民族主義理論の発展を中心として』勁草書房　一九六六年
藤田雄二『アジアにおける文明の対抗——攘夷論と守旧論に関する日本、朝鮮、中国の比較研究』御茶の水書房　二〇〇一年
古屋哲夫編『近代日本のアジア認識』緑蔭書房　一九九六年
町田三郎『明治の漢学者たち』研文出版　一九九八年
松浦正孝編著『昭和・アジア主義の実像——帝国日本と台湾・「南洋」・「南支那」』ミネルヴァ書房　二〇〇七年
松本健一『竹内好「日本のアジア主義」精読』（岩波現代文庫）岩波書店　二〇〇〇年
松本健一『大川周明』（岩波現代文庫）岩波書店　二〇〇四年
宮崎滔天（島田虔次・近藤秀樹校注）『三十三年の夢』（岩波文庫）岩波書店　一九九三年
山室信一『思想課題としてのアジア——基軸・連鎖・投企』岩波書店　二〇〇一年
山本茂樹『近衛篤麿——その明治国家観とアジア観』ミネルヴァ書房　二〇〇一年
山脇啓造『近代日本と外国人労働者——一八九〇年代後半と一九二〇年代前半における中国人・朝鮮人労働者問題』明石書店　一九九四年
劉傑・三谷博・楊大慶編『国境を越える歴史認識——日中対話の試み』東京大学出版会　二〇〇六年
渡辺浩・朴忠錫編『韓国・日本・「西洋」——その交錯と思想変容』（日韓共同研究叢書11）慶應義塾大学出版会　二〇〇五年
ワン・シューグァン『二〇世紀からの決別——アジアが日本の戦争責任を問い続ける理由』白帝社　一九九八年

図版出典・所蔵一覧

井上雅二『巨人荒尾精』左久良書房　1910	*41* 中左
王暁秋『近代中国与日本——互動与影響』昆侖出版社　2005	*13* 右, *46*
鎌田東二『平山省斎と明治の神道』春秋社　2002	*15* 上
松浦章・内田慶市・沈国威編著『遐邇貫珍の研究』関西大学出版部　2004	*13* 下
『孫中山紀念館展覧図録』政府物流服務署　2006	*19* 下, *52*
愛知大学東亜同文書院大学記念センター	*45*
石黒敬章	*35*
江戸東京博物館，Image：東京都歴史文化財団イメージアーカイブ	カバー表, 扉, *25* 下
大阪人権博物館	*5* 上左
黒船館	*13* 上
神戸市立博物館	*47* 下
国立国会図書館	*2, 4, 5* 上右, *21, 23, 25* 上, *30* 右, *32, 37, 41* 中右, *61, 69*
聖徳記念絵画館	*55* 下
東京経済大学図書館	カバー裏, *41* 上
東京大学明治新聞雑誌文庫	*41* 下
徳富蘇峰記念館	*31* 右
日本近代文学館	*30* 左
野田市立興風図書館	*19* 中
毎日新聞社	*31* 左, *59, 71* 上, 下
三笠保存会	*55* 上
桃山学院史料室	*47* 上
靖国神社遊就館	*19* 上
山名隆三	*15* 下
琉球新報社	*5* 下
早稲田大学図書館	*3*

世界史リブレット㊻

日本人《にほんじん》のアジア認識《にんしき》

2008年3月31日　1版1刷発行
2024年12月20日　1版6刷発行

著者：並木頼寿《なみきよりひさ》

発行者：野澤武史

装幀者：菊地信義

発行所：株式会社 山川出版社

〒101-0047　東京都千代田区内神田1-13-13
電話　03-3293-8131(営業)　8134(編集)
https://www.yamakawa.co.jp/

印刷所：信毎書籍印刷株式会社

製本所：株式会社 ブロケード

ISBN978-4-634-34660-4

造本には十分注意しておりますが，万一，
落丁本・乱丁本などがございましたら，小社営業部宛にお送りください。
送料小社負担にてお取り替えいたします。
定価はカバーに表示してあります。